...EMPORAINS A 10 CENTIMES LA LIVRAISON

GEORGE SAND

NARCISSE

Prix : 90 centimes

H. LOTEN

PARIS

MICHEL-LÉVY FRÈRES, ÉDITEURS

RUE VIVIENNE, 2 BIS, ET BOULEVARD DES ITALIENS, 15

À LA LIBRAIRIE NOUVELLE

1869

NARCISSE

PAR

GEORGE SAND

I

Quand, pour la première fois, en 1846, je fus envoyé à la Faille-sur-Gouvre, la ville était malpropre, comme la plupart des villes de France, laide en ce sens qu'à l'exemple général du temps, on s'était acharné à l'embellir sans goût, et à détruire sans discernement ses vieux édifices; mais elle était bien située au bord d'un plantureux ravin, et le faubourg offrait encore des rues tortueuses, grimpantes, d'un effet original, et des groupes d'anciennes constructions assez pittoresques.

Quand le destin m'y amena, je mis pied à terre avant d'arriver, et, m'étant enquis du nom de l'hôtel, où le conducteur de la diligence déposerait mon bagage, j'entrai seul et pédestrement dans la ville.

J'avais une lettre de recommandation, une seule, et pour cause. Je ne m'occupai pas de mon gîte; je demandai la place de la Comédie (vieux style), on dit aujourd'hui la place de la Maison-de-Ville, bien que le théâtre, la mairie et le tribunal vivent encore en bonne intelligence sous le même toit.

— C'est toujours tout droit, répondit-on.

Et, en effet, je me trouvai, au bout d'une longue rue, sur la place en question. Elle n'était pas grande : la maison de ville au fond, une maison bourgeoise à droite, un café à gauche. C'est à ce café que j'avais affaire.

Un grand et gros homme blond, jeune, d'une belle figure, agréable et douce, allait et venait d'une table à l'autre, tutoyant la plupart des consommateurs de son âge, tutoyé par ceux qui paraissaient avoir atteint la cinquantaine. Je demandai à la servante, qui m'indiquait une table vacante, où était le propriétaire de l'établissement, M. Narcisse Pardoux. J'avais à dessein prononcé son nom en le regardant. Il m'entendit malgré le grand bruit qui se faisait dans le billard, dont les portes ouvertes envoyaient jusqu'à nous d'épais nuages de fumée de pipe, et, sans paraître se distraire de ses nombreux consommateurs, il vint à moi et me dit en se penchant :

— Êtes-vous M. E..., de la part de M. T...?

A quoi je répondis à voix basse :

— Je suis M. E... et je vous apporte une lettre de M. T...

— C'est bien, reprit-il.

Et, appelant Jeannette :

— Conduisez monsieur au jardin, lui dit-il tout bas.

Je suivis Jeannette, qui me fit traverser une petite rue

derrière la maison. Elle poussa une porte et se retira en disant :

— M. Narcisse va venir.

J'étais entré dans un jardin bien fleuri et bien tenu. Il y avait, à gauche, une sorte de boulingrin planté d'arbustes, et surmonté d'un kiosque qui semblait approprié au même usage que le café d'où je sortais.

M. Pardoux vint me rejoindre presque aussitôt et me fit monter dans ce kiosque, sorte de tente couverte en zinc, où Jeannette nous apporta de la bière, des cigares et quelques liqueurs à choisir.

Je dirai très-succinctement le but de mon voyage dans cette ville, où je ne connaissais pas une âme. J'étais chargé, par le directeur d'une association de capitalistes sérieux, de faire des études sur la localité, en vue de l'établissement d'une exploitation industrielle d'une assez grande importance. M. Pardoux avait eu et suggéré cette idée, qui avait été traitée de rêve par les indigènes. Il s'était adressé à l'homme de progrès et d'intelligence dont je lui remettais la lettre. On m'envoyait vers lui pour qu'il me mît à même d'examiner son projet et d'en vérifier les chances de succès.

Il me les exposa avec beaucoup de logique et de clarté. Je reconnus vite en lui l'homme sans culture, mais doué du génie du bon sens, qui avait écrit plusieurs lettres remarquables à M. T..., mon directeur et mon ami, et, comme je me montrai disposé à le croire et à commencer mes études avec confiance, le bon Pardoux se livra à une joie enthousiaste.

— Enfin ! s'écria-t-il, voilà cinq ans que je m'époumone à dire à tous les gros bonnets de pays qu'il y a pour eux et pour les pauvres, une fortune dans mon idée. Et ils ne font que lever les épaules en répondant toujours :

» — Ça coûterait trop cher à établir !

» Et bien, je le savais, moi qui n'en ai pas appris plus long qu'eux tous, que la science réduirait les dépenses à cent pour cent au-dessous de ce qu'ils imaginent ; et, comme je suis sûr de n'avoir calculé les profits certains qu'au minimum, comme vous allez, sans prévention et tranquillement, vous en convaincre en très-peu de temps, je peux dire enfin que notre petit pays va devenir un des plus aisés et des plus utiles de la France, au lieu de croupir dans la paresse et la misère. Oui, oui, je vais le leur dire, à ces beaux esprits...

— Un moment ! repris-je en arrêtant le bon jeune homme. Si vous voulez que votre idée aboutisse, il y faut le secret le plus absolu pendant quelques mois.

— Pourquoi ça ? Vous craignez la concurrence ? Ah ! bah ! il n'y a pas de risque ! Ils sont trop *poltrons de leur argent* pour risquer un sou avant de voir le succès ; alors ils regretteront leur incrédulité, mais il sera trop tard !

— Permettez, lui dis-je, nous avons l'expérience des entreprises ; quelle que soit la couardise des habitants, dès que le bruit d'un établissement soutenu par des capitaux se répandra dans l'air du pays, tous ces gens qui raillent aujourd'hui continueront de railler, et même ils railleront davantage, voulant se tromper les uns les autres pour avoir chacun le monopole d'une fortune à faire. Et chacun d'eux agira en secret pour obtenir du gouvernement le privilège de l'exploitation. C'est à vous de savoir si vous voulez que quelqu'un d'eux en profite ; alors je me retire, et leur laisse le soin d'étudier eux-mêmes la question, s'ils en sont capables.

— Il n'y en a pas un ! Ce sont des ânes ! Et trop avares pour dire à un savant comme vous : « Travaillez à mon compte ! »

— Alors, comme de mon côté je ne consentirais, à aucun prix, à les servir, laissez-vous et laissez-moi faire. Votre but n'a jamais été d'enrichir monsieur tel ou tel de cette ville ou des environs ?

— Non, certes ! c'est en vue du pauvre monde que je rêve une industrie chez nous. Et puis l'amour du clocher, l'amour-propre si vous voulez ! Je serais fier et content de voir nos rues bien pavées et éclairées au gaz, nos campagnes assainies, nos rues plus *passagères*, notre nom moins inconnu du reste de la France.

— Vous aurez tout cela si votre idée est réalisable ; quant à vous, en particulier, je suis chargé de vous demander quel prix vous attribuez à votre initiative, et à souscrire à vos désirs sans conteste, en cas de succès.

— Quoi ? que voulez-vous dire ? me payer ?

— Vous donner une part dans les profits ; c'est trop juste !

— Je ne veux rien ! s'écria Narcisse Pardoux avec l'accent de l'enthousiasme. Moi, vendre mon idée ? Jamais ! C'est une idée qui m'a été transmise par mon pauvre père. C'est Dieu qui la lui avait envoyée. Je crois honorer sa mémoire en faisant le bien. Si ça réussit, je serai bien assez récompensé !

Et, comme j'insistais, il ajouta :

— Eh ! mon cher monsieur, sans faire le grand homme et le romanesque, je peux et dois refuser. Voyez : si le pays *entre en prospérité*, mon établissement, qui ne va déjà pas trop mal, ira vingt fois, cent fois mieux, et serait alors à moi d'offrir un payement ou un cadeau à ceux qui auront mis les choses sur ce pied-là.

Il n'en voulut pas démordre. Il y avait en lui une candeur et en même temps une solidité de caractère qui me gagnèrent le cœur. J'étais heureux de rencontrer cette belle nature dans un milieu où le désintéressement et le dévouement sont rares. Je ne me sentais plus triste et seul dans ce pays inconnu. J'avais un ami.

Nous convînmes de nos faits. Il s'agissait pour moi de passer quelques jours dans la ville, de m'éloigner ensuite pour parcourir tous les environs, de revenir mettre mon travail en ordre, enfin, de rester, au besoin, quelques semaines dans ce pays, et de n'éveiller les soupçons d'aucun habitant sur le but de mon séjour et de mes courses.

Quelque chose que je fisse, je devais certainement devenir vite un objet de curiosité, peut-être d'inquiétude ; mais, cela étant inévitable, je ne pouvais me donner le change en me posant en voyageur naturaliste, en me liant avec très-peu de personnes, et en usant, s'il le fallait absolument, de quelque dissimulation. Ma conscience ne s'en alarmait pas : j'avais un but honorable et utile. Le plus embarrassant, c'était de ne pas étaler aux regards un certain matériel d'instruments qui devait m'être expédié de Paris pour mes expériences.

— Vous serez mal à l'hôtel, me dit mon nouvel ami. Vous pouvez louer dans une maison particulière ; mais ce sera annoncer que vous voulez séjourner, et la curiosité vous assiégera. Tenez, voici ce que je vous propose : Louez une chambre pour la nuit à l'auberge, et venez passer ici vos journées de travail sédentaire. Je vous abandonne la jouissance exclusive de ce jardin, dont vous aurez les clefs, et où personne ne mettra les pieds en votre absence. Vous installerez vos instruments dans ce kiosque ; il est assez vaste, et, caché comme il l'est dans les arbres, nul ne peut voir ce qui s'y passe. Je me charge de vous y nourrir.

— C'est fort bien; mais que dira-t-on? Vos pratiques n'ont-elles pas coutume de venir ici?

— Non! je prête quelquefois le kiosque à des amis intimes pour de petites réunions particulières; mais c'est rare, et je saurai trouver des prétextes pour le leur refuser. Je dirai que j'y ai déposé des marchandises, qu'il est en réparation, que sais-je? nous trouverons bien.

J'acceptai, et il me prit par le bras pour me faire examiner l'heureuse situation du jardin.

C'était un carré long, peu large, et assez profond. Le tertre en occupait la première moitié et n'y laissait de place qu'à une allée droite, bordée de beaux rosiers fleuris, qui conduisait à l'autre moitié, unie et dessinée en parterre. Le tertre et le kiosque étaient adossés à un vaste pignon sombre et nu : c'était le derrière du théâtre. Un revêtement de pierre de taille séparait le reste de notre parterre du jardin de la maison de ville. Je grimpai sur une brouette et vis que, le sol de ce jardin étant un peu plus bas que celui du jardin Pardoux, je pouvais voir, si j'en avais la fantaisie, sans être vu, à moins que l'on ne prît la peine d'apporter une échelle.

Le fond de *mon* jardin s'ouvrait librement sur une terrasse solidement construite, d'une dizaine de mètres d'élévation. A droite et à gauche s'étendait, à peu près sur le même alignement, une zone de jardins d'agrément ou de rapport.

Au bas de ce petit rempart, de vastes prairies descendaient, en pente rapide, jusqu'à la Gouvre, joli ruisseau bordé de beaux arbres. Puis le terrain, herbu et cultivé, se relevait jusqu'à l'horizon, très-rapproché, mais découpé par des massifs de verdure et de jolis enclos rustiques. J'avais donc là les yeux en pleine campagne; pas d'habitations ni de chemins au-dessous de moi; un beau silence, absence complète de passants curieux ou d'enfants tapageurs.

— Le pré là-dessous est à moi, me dit mon hôte. Il est bien clos : vous n'y verrez jamais que ma vache, qui se garde toute seule. Maintenant, par ici, ajouta-t-il en me montrant la gauche du parterre, vous n'êtes séparé du voisinage que par cette longue petite barrière en treillage; mais c'est tout ce qu'il faut. Personne ne vient jamais dans cette partie du couvent.

— C'est donc là un couvent? lui dis-je en regardant le toit en ressaut très-bas, couvert d'ardoises rongées de mousse, d'une construction voisine dont les volets vermoulus étaient fermés, et que dépassaient quelques clochetons d'ardoise neuve, partant de plans plus éloignés.

— C'est un couvent de filles, s'il vous plaît, répondit le cafetier. Elles sont cinq là-dedans, quatre bonnes qu'on appelle les sœurs bleues, et la pauvre mademoiselle d'Estorade... Quand je dis pauvre, c'est parce qu'on plaint toujours une vieille fille; car, du reste, elle a une belle fortune, et c'est elle qui a fait restaurer ce vieux petit couvent, et qui y entretient une école gratuite d'orphelines. Elle vit là dans la haute dévotion; tout son bien passe en charités. On ne la voit jamais. Je crois qu'elle a, ou qu'elle doit prononcer des vœux... Moi, ça m'est égal, quoique je lui en veuille un peu de n'avoir pas consenti à me vendre ce bout de jardin, qui aurait élargi convenablement le mien, et dont elle ne sait que faire; car le couvent possède, derrière ce gros mur qui forme le carré, du côté de la terrasse, un enclos superbe.

C'est donc pour cette pauvre petite bande de terre que vous voyez là, qui ne lui sert à rien, puisqu'on y laisse pousser les orties et les mauves sauvages, qu'elle s'est obstinée à me contrarier. On dit que les dévotes sont têtues! je le vois de reste.

— Mais ne trouvez-vous pas, cependant, que votre jardin, élargi de cette bande de terre, et allant toucher jusqu'aux fenêtres de ces bonnes recluses, eût pu devenir fort gênant pour elles?

— Non! puisque mon jardin n'est pas public, et que, d'ailleurs, cette partie des bâtiments du couvent n'est ni réparée ni habitée. Quand je vous dis que ces dévotes... Mais laissons-les tranquilles. Je ne veux pas m'en chagriner; au contraire, je m'en réjouis à présent, puisque vous avez besoin de solitude, et que cette disposition du terrain est cause que je n'ai pu faire de mon jardin, trop étroit, une salle de danse pour les bals d'été. Il est donc libre, et il est à vous!...

Quelques jours après, j'étais installé dans le kiosque, qui avait pris, entre Pardoux et moi, le titre de cabinet de travail, vu qu'il m'en offrait toutes les aises. Il était propre, frais et parfaitement solitaire. J'y passais mes soirées, après avoir couru les alentours de la ville tout le matin, et souvent l'après-midi. Quand j'avais rapporté et mis là mes échantillons, je n'avais plus que l'étroite ruelle à traverser pour aller prendre mes repas dans une chambre particulière du café, avec mon brave Pardoux, qui s'attachait à moi autant que je m'attachais à lui, et qui, peu à peu, découvrait ce qu'il appelait des trucs pour faciliter la liberté de mes démarches et assurer le mystère de ma retraite.

En somme, rien n'était plus simple que de venir, soir et matin, manger avec lui dans une chambrette isolée, donnant sur la ruelle. Au-dessous était une porte dérobée, en regard de celle du jardin. Mon ami n'avait pas de famille : il avait perdu sa mère et son vieux père, dont il ne parlait qu'avec de grosses larmes dans les yeux, et qui, certes, devaient avoir été gens de bien, pour avoir formé un tel fils. La vieille Jeannette était une fille très-fidèle et très-sûre, chargée de son service personnel. La ruelle, qui s'enfonçait vers le couvent, entre des murs de jardin, était aussi déserte que la place de la Comédie et la façade du café étaient bruyantes et animées. Il était bien rare que quelqu'un nous vît entrer dans le jardin; et que pouvait-on trouver d'étrange à nous voir chercher là un peu de fraîcheur et de silence en fumant nos cigares?

Narcisse n'y restait qu'un instant. Actif et riant, toujours occupé de sa nombreuse clientèle, dont il simulait la dépense par une confiance sans bornes et une habile générosité envers les boute-en-train insolvables, il ne s'asseyait que pour manger, ou plutôt pour me regarder manger; car il ne vivait que de bière et de café. Il se couchait à deux heures du matin; à six, il était debout, surveillant les préparatifs de sa journée de débit, qui commençait à neuf heures. Cette vie fatigante ne le préservait pas d'être gras comme un Flamand; mais, ce qui est plus surprenant, cet embonpoint lymphatique ne l'empêchait pas d'avoir l'esprit et le cœur aussi actifs que le corps.

J'avais commencé mes études. Chaque pas, chaque observation, comme chaque essai scientifique, me conduisaient à penser que Narcisse Pardoux ne s'était pas trompé dans ses appréciations instinctives. Un jour, je lui annonçai avec joie une presque certitude. Je venais de faire un voyage de quarante-huit heures dans les environs. Notre dîner, qui ne durait jamais plus de vingt minutes, se prolongea un peu plus que de coutume. On l'appela; je passai dans ma petite Thébaïde, et, comme j'avais beaucoup marché, je me permis d'aller respirer le frais sur la terrasse, au fond du parterre, avant de m'enfermer dans mon cabinet de travail.

On était à la fin d'août. Les jours baissaient rapidement, mais les soirées étaient chaudes et sèches. Le ciel, un peu orageux, était, en ce moment, comme un marbre précieux tout veiné d'or sombre et de pourpre enfumée. Ses reflets étaient déjà éteints sur le paysage, et il était encore éblouissant à regarder. Deux jeunes tilleuls ronds et trapus, qui ombrageaient la terrasse, se remplirent de noctuelles et de sphinx bourdonnants, que chassaient, de temps en temps, de légères brises courant comme en spirales dans le feuillage. Les fleurs du parterre, luxuriant dans cette arrière-saison, exhalaient des parfums si exquis, que je me trouvai barbare et brutal de fumer du tabac au milieu de ces purs aromes. Je jetai mon cigare et m'enivrai de la splendeur de cette belle soirée.

La campagne était muette, et la ville aussi, du côté de la place, circonstance dont je ne songeai pas à m'étonner. De temps en temps seulement, j'entendais un vague murmure et des sons d'instruments, comme si une porte, ouverte par moments, eût donné passage au bruit d'un bal dans quelque maison voisine. Quoi que ce fût, cela se passait envers moi si discrètement, que j'admirai de nouveau l'isolement de ma retraite au cœur de la ville.

Je m'étais assis sur le cordon de pierres plates de la terrasse, le dos appuyé contre le pilastre qui terminait le massif de maçonnerie entre mon parterre et le jardin de la maison de ville. Tout à coup j'entendis parler si près de moi, que je me retournai comme pour répondre à une question qui semblait m'être adressée :

— Eh bien, qu'est-ce que tu fais là?

Mais je ne vis près de moi que la pierre de taille, et, au-dessus de moi, que l'épais ombrage des tilleuls de la maison de ville, qui semblaient s'étendre vers ceux de Narcisse Pardoux, comme pour les caresser en bons voisins de même âge.

Cependant la voix reprit :

— Oh! tu as beau ne pas répondre, je vois bien que c'est toi qui es là! Je ne suis pas encore aveugle, et ton chapeau à plumes blanches... Tiens, je te le jette en bas de la terrasse, si tu ne réponds pas!

C'était une voix de femme, une voix jeune, rendue très-jeune et très-âpre par un accent de colère. Comme je n'avais sur la tête aucune espèce de chapeau, et encore moins de chapeau à *plumes blanches*; comme, d'ailleurs il était impossible que l'on me vît du jardin voisin, qui était plus bas de niveau, j'écoutai comment répondrait le personnage interpellé, lequel, apparemment, n'était séparé de moi que par l'épaisseur du pilastre.

A ma grande surprise, ce fut une voix d'homme qui reprit :

— Voyons, folle, est-ce que je me cache? Veux-tu bien me rendre mon chapeau? Après ça, jette-le si tu veux, il n'est pas à moi!

— C'est donc qu'il te va si mal! Mais pourquoi essayais-tu de grimper par là?

— Qu'est-ce que ça peut te faire? Es-tu jalouse d'un mur?

— Non, mais de ce qu'il y a derrière. Oh! ne ris pas! tu m'exaspères! C'est la seconde fois que je te surprends

à essayer de regarder par là. Tu as par là quelque rendez-vous, sous mon nez! Eh bien, je saurai ce qui en est!

— Tu veux passer par la terrasse malgré le pilier? Voyons, descends de là! Veux-tu bien... Le diable m'emporte, tu es folle!

— Qu'est-ce que ça me fait de me tuer, si tu me trompes?

J'entendis un bruit léger et comme une sorte de lutte qui se termina par un baiser. L'homme emportait la femme, qui sans doute avait grimpé sur la balustrade, tentative périlleuse et inutile pour pénétrer par là dans mon enclos. Un baiser venait de terminer le débat. Une voix enrouée cria :

— Mademoiselle Julia, votre entrée !...

Et mademoiselle Julia répondit :

— On y va !

Je savais désormais que j'avais pour voisins des comédiens ambulants en train de représenter. Je compris les sons d'orchestre que j'entendais par intervalles; je me rappelai la disposition du jardin de la maison de ville, lequel déployait ses massifs de verdure et ses tapis de gazon sur la façade intérieure, celle opposée à la place; après quoi, il se prolongeait derrière le théâtre, qui formait le coin de l'édifice, et il s'y terminait en un berceau de charmille où les acteurs se tenaient quand ils n'étaient pas forcément dans les coulisses. Hiver comme été, ils n'avaient pas d'autre foyer que cette tonnelle ouverte aux quatre vents du ciel. Narcisse Pardoux m'avait promené là un matin, en m'expliquant toutes choses, et comme quoi l'on voyait parfois, le jour, dans ce jardin, un avocat ou un avoué en toque et en robe s'échapper entre deux audiences pour venir sous la tonnelle causer avec les comédiens en répétition, ou s'asseoir non loin d'eux, sur un banc, avec un client agité que l'on feignait d'écouter, tout en lorgnant les comédiennes.

Quand mon esprit eut reconstruit le souvenir de cette localité, je m'expliquai aussi comment les voix m'arrivaient si distinctes, et comme qui dirait dans l'oreille. La rampe des deux jardins mitoyens était sur le même alignement, et le pilastre avancé, qui interceptait la vue, n'empêchait pas le son de passer chez le voisin. Aussi me fut-il impossible de perdre un mot de ce qui va suivre :

— Dites donc, monsieur Albany, murmura la voix éraillée, elle a raison, mademoiselle Julia; vous avez par là une amourette?

— Avec qui, perruquier, je vous prie? répondit d'un ton dédaigneux la voix pleine et sonore de l'acteur.

— Dame! avec qui?... Ça ne peut être qu'avec la servante à Narcisse.

— Qui, Narcisse? Ah! oui, le maître du café! Il a donc des servantes?

— Et des gentilles! Vous ne les avez pas reluquées?

— Je ne regarde pas les servantes.

— Oh! vous êtes bien fier! En ce cas, vous lorgnez le couvent! C'est du temps perdu, allez! Le bon Dieu vous fera du tort; et, d'ailleurs, elles sont toutes vieilles et laides, là-dedans! Vous allez fumer avant de chanter? Vous ne craignez pas que ça ne vous empêche?...

— Au contraire!

La conversation s'éloigna; mais, l'incident m'ayant distrait de mes rêveries et de mon travail, j'eus la curiosité d'aller voir la tournure de ces acteurs dont j'avais surpris la querelle de ménage. Je fermai avec soin mon cabinet et mon jardin, et j'allai prendre un billet de galerie à la porte extérieure du théâtre.

Ce théâtre était l'ancien réfectoire des Carmes, dont la maison de ville avait été le couvent. La façade, modernisée et badigeonnée, ne laissait plus soupçonner l'ancien édifice ; mais, dans l'intérieur, de précieux vestiges étaient restés intacts. La porte de la salle de spectacle était une ogive finement historiée, et, dans la salle même, quelques restes d'arceaux en relief et des figures symboliques étaient mal dissimulés sous la décoration des loges et des galeries.

Cette salle était sombre et mal disposée pour les spectateurs ; mais sa coupe avait du style, et ses voûtes élevées prêtaient à la sonorité. Je ne fus donc pas étonné d'y entendre chanter l'opéra-comique. Ce favorable local devait être connu des troupes nomades qui, en se rendant d'une grande ville à une autre, cherchaient, en donnant quelques représentations dans les *petits endroits*, à payer au moins leurs frais de voyage. Il y avait assez de monde, des bourgeoises en grande toilette aux premières places, un parterre d'ouvriers en blouse et en casquette ; des dames de la *seconde* et de la *troisième société* à l'amphithéâtre et aux galeries : jeunes femmes et demoiselles aussi élégantes que celles de la *vieille* bourgeoisie, mais accompagnées de mères et de tantes en petits bonnets plissés comme ceux des *artisanes*. Dans cette classe, on ne se permettait pas le bouquet et l'éventail, attributs privilégiés de la première *société*.

On représentait *la Dame blanche* avec assez d'ensemble. L'orchestre, composé en partie des amateurs de la ville, était un peu pâle, mais assez correct d'exécution. Les chanteurs manquaient de voix et de prestance, ce qui expliquait que Paris ne les eût pas recrutés ; mais la plupart savaient leur métier, et, soit que je fusse disposé à l'indulgence, m'étant attendu à quelque chose de pire, soit que cette aimable et charmante musique puisse se passer d'interprètes de premier ordre, j'écoutai avec plaisir, et je renforçai même les applaudissements assez parcimonieux de l'assistance.

Il est beaucoup de petites et même de grandes villes de province où l'on n'applaudit jamais au théâtre. C'est un signe infaillible d'inintelligence, car il n'est si pauvre troupe et si maigre spectacle où il ne se trouve quelque situation convenablement rendue, ou quelque sujet relativement supérieur. D'ailleurs, l'intérêt bien entendu du spectateur est d'encourager les artistes qu'il vient voir pour son argent. Les bravos donnent de l'entrain et du nerf au comédien ; le silence le glace et le paralyse.

Mais le public de certaines provinces se compose de deux classes d'amateurs : l'une qui a *fréquenté la capitale* et qui rougirait d'approuver ailleurs quelque chose ; l'autre qui n'est jamais sortie de son département et qui prendrait volontiers plaisir au spectacle, mais qui craint d'être raillée par les *connaisseurs*.

Cependant cette salle timide parut se réveiller et s'enhardir lorsque mademoiselle Julia parut. Je reconnus sa voix dès les premiers mots qu'elle prononça, bien que cette voix, fort belle par elle-même, n'eût plus l'accent d'aigreur et de vulgarité qui me l'avait gâtée, un quart d'heure auparavant.

Julia était, en scène, une fort jolie personne ; sa taille surtout était remarquable. Elle avait de la grâce, une agilité dont elle faisait un peu abus, et un aplomb qui justifiait son succès un peu plus que ne faisait son talent. Elle avait ce qu'on appelle de grands moyens, mais peu de méthode, et il ne fallait pas l'examiner longtemps pour reconnaître en elle une créature bien douée, à qui

manquait ce que l'on pourrait appeler la cheville ouvrière de l'âme, la conscience. Partant, point de persévérance, point de travail sérieux, trop de facilité à se contenter elle-même, à prendre pour argent comptant les encouragements d'un public vulgaire, qu'éblouissaient ses brillants regards et ses *traits* de chant audacieux et hasardés.

Comme, à tout prendre, c'était une petite *étoile* au milieu de cette troupe modeste, je ne m'occupai pas à la dénigrer, et je laissai mon voisin s'entretenir d'elle avec feu. C'était un vieux médecin qui n'était jamais retourné à Paris depuis qu'il avait reçu son diplôme, au commencement du siècle. Il avait donc eu le temps d'oublier un peu Elleviou et madame Gavandan, et il ne se gênait pas pour comparer Julia à ce qu'il avait entendu de *plus fort* dans sa jeunesse. Il parlait haut pour être entendu de ses voisins, bonnes gens qui le demandaient qu'à le croire sur parole ; mais, avec moi, il fut gêné, ne me connaissant pas, et craignant d'avoir affaire à un homme plus *fort* que lui en musique.

— Monsieur est-il satisfait ? se hasarda-t-il à me dire dans l'entr'acte. Monsieur a sans doute fréquenté l'Opéra de Paris ? Monsieur est étranger ? C'est du moins la première fois qu'il vient dans notre ville ? Il ne doit pas la trouver bien belle ? C'est un petit pays où l'on ne cultive guère les beaux-arts !

Je répondis à toutes ces questions de manière à contenter son amour-propre de citadin de la Faille-sur-Gouvre et de connaisseur en musique. Pourtant, comme, sans critiquer Julia, je ne pouvais la louer avec un transport égal au sien, il reprit :

— Elle a beaucoup perdu depuis un an. Elle *vint ici* l'an dernier, et c'était alors une chanteuse bien étonnante pour son âge, car elle n'avait que dix-huit ans. A présent, elle a moins d'étendue dans la voix, et, quand on la voit au jour, sans rouge et sans blanc, on est *désappointé*. Elle n'a plus sa fraîcheur, et même je crains pour sa poitrine. C'est moi qui la consulte. Je lui ai conseillé de quitter le théâtre pour un ou deux ans. Mais elle ne veut pas entendre parler de se ménager.

— Vous eussiez mieux fait, dit alors au docteur Fourchois un petit avoué à lunettes vertes, de lui conseiller de quitter son amant. C'est lui qui la tue ; elle en est folle, et il paraît qu'il la maltraite beaucoup.

— Il paraît… il paraît ! répondit assez judicieusement le docteur ; dans ce pays-ci, quand on a dit : *Il paraît*, on croit avoir prouvé quelque chose !

— Dame ! on me l'a dit, reprit l'avoué.

— On vous a trompé ! Je connais Albany ; c'est aussi la seconde fois qu'il vient chez nous. C'est un brave garçon, un peu mauvais sujet ; que voulez-vous ! un artiste ! mais incapable de maltraiter une femme.

— Il ne paraîtra donc pas ce soir, cet Albany ? demandai-je au docteur.

— Non, répondit le bonhomme. Il a très-bien chanté dans la première pièce. Il ne chantera plus aujourd'hui.

— Aussi, reprit l'avoué médisant, Julia est bien inquiète, allez ! Je suis sûr qu'elle ne pense pas à un mot de ce qu'elle chante, et que, dans l'entr'acte, elle se démène comme un diable pour savoir où il est, et ce qu'il fait.

— Que savez-vous, dit le docteur en levant les épaules, s'il n'est pas dans la loge des actrices, auprès d'elle ?

— Après ça, je n'en sais rien, reprit l'avoué ; mais vous aurez beau dire, c'est un fameux libertin, votre

Albany! C'est dommage qu'il *s'abîme* comme ça. C'est un grand artiste, celui-là!

Et, s'adressant à moi :

— Monsieur n'est pas sans la connaître?

— Pardonnez-moi; je ne la connais pas.

— Ah! je voyais bien que monsieur n'était pas d'ici. Monsieur est étranger?

— Non, monsieur, je suis Français.

— Oh! je le vois bien! Je voulais dire : monsieur est de Paris?

— Non, monsieur, répondis-je en prenant mon chapeau.

Et je me dérobai aux questions.

Il était dix heures, et j'avais à travailler. Je retournai à mon jardin, tandis qu'un sous-employé de la mairie et du théâtre faisait le tour de la place et allait jusque dans les rues voisines, sonnant une grosse clochette pour avertir de la fin de l'entr'acte les promeneurs et les gens attablés dans les cafés et guinguettes d'alentour. Dans le même moment, la cloche du couvent sonnait la prière du soir.

Comme je venais de fermer sans bruit derrière moi la porte du jardin, et que j'allais monter le sentier ombragé du pavillon, il me sembla voir, aux pâles clartés de la lune, voilée des mêmes nuées d'orage qui avaient empourpré le couchant, et dont maintenant les contours sombres s'irisaient aux reflets de l'astre mélancolique, un personnage assez grand qui traversait le fond du parterre, et dont la silhouette se dessinait sur le fond ouvert en terrasse au-dessus du petit ravin. Je pensai d'abord que c'était Narcisse Pardoux qui m'attendait, comme il faisait quelquefois pour m'offrir des rafraîchissements, dont j'étais d'autant plus sobre qu'il refusait obstinément de me les laisser payer.

Mais, en approchant, je vis clairement que l'envahisseur de ma solitude était moins grand et surtout moins gros que mon ami le cafetier. Dès lors, je me tins sur mes gardes, et, marchant sur la bordure de gazon, dans l'ombre des lilas, je pus, sans qu'il remarquât ma présence, me glisser dans un petit massif d'où il m'était facile de l'observer d'assez près.

Il s'était approché de la palissade, et il furetait dans le chèvrefeuille à grappes rouges, qui courait en festons sur ce léger treillage.

Je pensai d'abord que c'était quelque entomologiste, à l'affût des sphinx et des noctuelles qui abondaient dans le *désert :* c'est ainsi que Narcisse appelait le petit terrain inculte dont il voyait avec humeur les grandes herbes folles se dresser à côté de ses plates-bandes fleuries. Mais l'inconnu ne se livra à aucune espèce de chasse. Il me sembla l'entendre froisser un papier; après quoi, il se retira sans trop de précautions, faisant crier le sable sous ses pieds, et même rallumant son cigare, en homme qui ne se méfie ou ne se soucie de rien. A la rapide lueur de son allumette, je distinguai une très-belle figure brune qui annonçait une trentaine d'années.

Quand il eut traversé la terrasse, il jeta adroitement une corde sur le haut du pilastre, serra dans ses dents son cigare allumé, et, grimpant sur le rebord de la balustrade, il franchit le pilier, en dehors, le long du précipice, avec une adresse et une tranquillité qui annonçaient une grande pratique de la gymnastique.

Je ne me rendis pas compte tout de suite de la manière dont il avait opéré son invasion et son évasion. Je crus qu'il avait sauté dans le ravin. Je courus regarder, et, au petit bruit que faisait la corde en glissant le long du pilier, je m'assurai que mon homme était passé sain et sauf dans la tonnelle des comédiens, et qu'il retirait tranquillement sa corde pour s'en servir une autre fois. Je l'entendis siffler le motif du chœur des montagnards de *la Dame blanche,* que l'on chantait peut-être en ce moment sur la scène; puis ses pas se perdirent dans le jardin de la maison de ville. Ce devait être là le beau chanteur Albany, qu'une heure auparavant, la jalouse Julia soupçonnait de vouloir courir par-dessus mon mur à une aventure amoureuse.

Comme j'étais curieux de ce qu'il était venu chercher dans ma retraite, je retournai à la palissade et fouillai le feuillage, à l'endroit où je l'avais vu fureter. Je n'eus pas de peine à y trouver un papier plié et chiffonné qui pouvait, à la rigueur, paraître apporté là par le vent. A mon tour, j'enflammai une allumette. Ce billet n'était pas cacheté et ne portait aucune adresse. Il contenait ce peu de mots :

« Demain jeudi, à six heures du matin, ici. Y viendrez-vous?

» Votre dévoué,

» FRA DIAVOLO. »

J'attendis, en me cachant dans le massif, pour voir si quelqu'un du dehors viendrait prendre le billet. Je l'avais replacé au même endroit où il avait été déposé. Au bout d'un quart d'heure, personne n'ayant paru, je me dis qu'après tout ce n'étaient pas là mes affaires. J'allai travailler une heure. Vers minuit, avant de me retirer, j'allai regarder encore : le billet n'y était plus. Je n'avais pas entendu le moindre bruit. Il est vrai qu'absorbé par mon travail, je n'avais pas eu l'oreille bien attentive.

II

Le lendemain, en déjeunant avec Narcisse, je lui racontai l'aventure. Il en fut beaucoup plus frappé que moi.

— Albany! s'écria-t-il. Oui, d'après ce que vous aviez entendu auparavant... Et, d'ailleurs, c'est bien lui qui chante *Fra Diavolo* jeudi prochain. On en a fait l'annonce hier à la fin du spectacle. Albany donnant un rendez-vous... à qui, je vous le demande? Et dans mon jardin!

— C'est peut-être, comme le prétendait le perruquier, à l'une de vos servantes.

— Ah bien, oui! Elles ne savent pas lire! Quant à la vieille Jeannette, ça ne tombe pas sous le sens!

— Certainement non! Donc, c'est à quelque nonne du couvent voisin.

— Il le faut bien! dit Narcisse en rougissant; car ça ne peut pas être... Non, non, ça ne se peut pas!

Je remarquai son émotion.

— Ce ne peut pas être à mademoiselle d'Estorade? repris-je d'un ton interrogatif.

Il leva les épaules en riant, et répondit avec une sorte d'insouciance :

— Oh! celle-là, je le verrais, que je ne le croirais pas!

— Mais vous avez sur quelque autre femme un soupçon qui vous tourmente?

— Ma foi, non! Je n'ai jamais vu ces religieuses. Elles ne sortent pas. Est-ce dans la règle de leur ordre, ou d'après un vœu particulier, comme celui que s'est imposé mademoiselle d'Estorade, leur patronne? Je n'en sais rien. On dit qu'il y en a deux qui ne sont pas trop vieilles : mais Jeannette, qui est entrée chez elles plusieurs fois, dit qu'elles sont toutes laides ou contrefaites.

— Et mademoiselle d'Estorade, comment est-elle?

— Ni jeune ni belle, probablement. Il y a bien quatre ans que je ne l'ai aperçue. On dit qu'elle en paraît cinquante à l'heure qu'il est, et qu'elle est de plus en plus mal tournée.

— Elle était donc bossue, elle aussi?

— Non. Mais, à force de prier et de se prosterner!... Et puis, ces dévotes, c'est si mal tenu... Il est vrai qu'elles le font exprès, pour qu'on oublie que ce sont des femmes!

— N'ont-elles pas, dans ce couvent, quelque jeune élève jolie?

— Non! Il n'y a là que des enfants. Mais, après tout, qu'est-ce que ça nous fait, que M. Albany ait une intrigue par là? Ça ne durera pas longtemps; c'est le roi des mauvais sujets, un beau garçon, j'en conviens, et qui aurait eu du succès à Paris, s'il n'eût pas manqué de tête et de conduite. Dans des occasions, je l'ai vu ne pas manquer de cœur. Mais ça a déjà trop *roulé*, ça s'est perdu, et ça ne fera jamais que rouler.

— Peu m'importe que ce monsieur roule ailleurs que dans notre jardin; mais, s'il s'en empare pour ses rendez-vous d'amour...

— Oh! nous mettrons ordre à cela! Nous allons l'observer, et je me charge de l'y surprendre d'une manière qui ne lui sera pas agréable. Pour commencer, je vais examiner avec vous les êtres, et voir comment nous pourrions l'empêcher de prendre pied sur nos terres. Est-ce que vous n'aimeriez pas mieux le laisser tranquille quelques jours encore, l'observer sans en avoir l'air, et découvrir l'héroïne de l'intrigue?

Narcisse rêva un instant.

— J'en suis curieux, répondit-il enfin. Et pourtant, peut-être aimerais-je mieux ne pas savoir!

Il rêva encore, et il ajouta :

— Je veux, je dois le savoir!

Il était évidemment tourmenté. Comme il avait éludé ma première question, je jugeai indiscret de la renouveler. Nous fîmes ensemble un tour de promenade au jardin; Narcisse semblait avoir oublié ce sujet de préoccupation. Tout à coup il s'arrêta contre la petite palissade en me disant :

— Est-ce là?

— Là, précisément, répondis-je.

— Et on est venu prendre le billet? Vous avez peut-être mal cherché!

— Cherchez vous-même.

Il chercha et ne trouva rien.

— Vous viendrez vous cacher ici avec moi, demain matin? reprit-il.

— Je n'y tiens en aucune façon, et vous avez le droit de me l'interdire; vous êtes chez vous.

— Il faut y venir, croyez-moi.

— Je ferai ce que vous voudrez.

— Oui, oui, merci. Vous êtes un homme de bon conseil, vous!... Et si je vous demande le secret...

— Je vous le promettrai, et je vous tiendrai parole. Mais où prétendez-vous nous cacher? Je ne vois ici aucun moyen de dissimuler notre présence en plein jour.

— Et je ne suis pas aussi facile à cacher, moi, n'est-ce pas? qu'une fourmi sous une feuille. Nous n'entendrons probablement rien de ce qu'ils se diront, car ils parleront

bas, j'espère! mais nous les verrons très-bien du pavillon.

— Vous vous trompez; du pavillon, on ne voit absolument rien que le haut des arbustes, le ciel et les toits.

Narcisse remarqua qu'en effet les arbustes avaient si bien poussé, qu'ils remplissaient de feuillage toutes les fenêtres du kiosque; mais la difficulté fut bien vite levée. Usant de son droit de propriétaire, il fit, avec la serpette, une trouée dans le branchage, et nous ménagea ainsi, sur la palissade, un *jour* que, du dehors, il était difficile de soupçonner.

Le lendemain, nous étions à notre poste à cinq heures du matin. Nous étions renfermés et silencieux dans le kiosque; les persiennes étaient baissées, et nous regardions à travers, avec la certitude que rien n'échapperait à nos regards.

L'horloge du petit couvent venait de sonner l'*avant-quart*, c'est-à-dire les cinq minutes avant l'heure, lorsque nous entendîmes grincer les verrous d'une porte. C'était celle de l'enclos des religieuses qui donnait dans le *désert*. La ville était bruyante; les ouvriers allaient à leurs travaux, et on entendait, sur la rivière, les battoirs nombreux des laveuses que cachaient les feuillages de la rive. Mais Narcisse, avec une finesse d'ouïe extraordinaire, distingua le bruit particulier de ces verrous, et me dit :

— Attention! c'est bien du couvent qu'on vient!

La porte nous était masquée; mais une femme glissa dans les touffes de sureau qui l'encombraient, s'approcha de la palissade, juste à l'endroit où la lettre était déposée par Albany, et Narcisse Pardoux mit la main sur mon bras, en me disant :

— C'est elle!

— Qui, elle?

— Elle! répéta-t-il d'un ton de stupéfaction accablée.

— La personne qui vous intéresse?

— Moi? Par exemple! ça m'est fort égal!

— Alors... qui est celle-ci?

— Qui?... qui? Mademoiselle d'Estorade, vous dis-je. Eh bien, que dites-vous de sa tournure et de sa mise?

— Rien; je ne la vois pas.

En effet, sa tête ne dépassait pas la palissade, qui avait de trois à quatre pieds de haut, et dont le treillage en lattes offrait peu de prise à la vue.

— Elle est là comme un oiseau en cage, reprit le cafetier en levant les épaules; mais je l'ai parfaitement reconnue, et ce n'est pas un bien bel oiseau, allez!

En ce moment, nous entendîmes sauter dans le fond du parterre, et bientôt nous vîmes Albany auprès de la palissade. Il y posa ses coudes comme un homme qui regarde devant lui au hasard; mais, en effet, il causait tout bas avec une personne assise, dont il ne voyait probablement pas la figure; car je finis par distinguer, à travers le feuillage, un grand chapeau de paille dont la position indiquait que la tête féminine était baissée dans une attitude de prudence ou de honte.

Ils causèrent longtemps. De la femme nous n'entendîmes pas un mot; mais, la comédien y mettant moins de précaution, nous pûmes saisir des mots et des membres de phrase d'après lesquels nous crûmes pouvoir être certains d'assister à une scène d'amour et de jalousie, tels que : « Julia est seule... Julia est une folle... Jamais je ne me marierai... Il n'y a que vous au monde qui... »

— Est-ce que cela vous intéresse? dis-je au bout d'un instant à mon hôte, en me remettant à mon travail.

— Non, répondit-il; mais je veux attendre qu'elle se

lève pour s'en aller, afin de m'assurer, encore une fois, que c'est elle et non pas une autre.

Un quart d'heure s'écoula, et nous entendîmes Albany qui disait :

— Vous êtes mon ange gardien ; vous me sauvez encore une fois.

— L'embrasse-t-il ? dis-je en souriant à Narcisse, qui, regardant toujours, me tournait le dos.

— Non, répondit-il ; il ne lui touche pas seulement la main. Venez la voir, elle s'est levée. Il s'en va, il part, et elle reste là debout ! regardez-la donc !

En effet, Albany avait opéré sa périlleuse sortie devant le pilier. Il rentrait par là, comme la veille, dans la tonnelle des comédiens, et mademoiselle d'Estorade, effrayée, oubliant la crainte et le danger d'être vue, restait levée et penchée sur la palissade pour le suivre des yeux. Je la vis alors, aussi bien qu'on peut voir à une dizaine de mètres de distance. Elle me parut petite et voûtée, sinon bossue ; mais sa figure était agréable et presque jolie. Elle était habillée de noir, avec une collerette blanche et un petit bonnet plat sous un grand chapeau. Elle paraissait fort propre ; mais la coupe surannée et disgracieuse de son vêtement lui donnait la tournure d'une vieille femme. Pourtant la tête était jeune, et je ne lui donnai pas plus de vingt-cinq ans.

— Elle en a vingt-huit, me dit Narcisse lorsqu'elle eut disparu, et que, interrogé par lui, je lui rendis compte de mon impression. Elle a été très-bien, malgré sa taille, qui n'était pas belle et qui, à présent, est toute tournée... à ce que l'on dit, car elle est si mal fagotée ! Allons, c'est tant pis pour elle, ce qui lui arrive. Il ne fallait pas être si farouche et viser si haut dans la sainteté. N'est pas sainte qui veut, voyez-vous ! On en veut trop prouver à Dieu, et Dieu vous punit en vous laissant retomber plus bas qu'une autre. N'eût-il pas mieux valu être une bonne mère de famille qu'une espèce de religieuse avec un cabotin débauché pour amant ? Mais ce ne sont pas nos affaires ; je vais aux miennes. Sortez-vous, ce matin ?

— Oui, mais après déjeuner.

— Alors, je vous attends à neuf heures comme à l'ordinaire. Au revoir !

Il descendit le tertre et le remonta.

— Dites donc, reprit-il, ce que nous avons surpris là doit rester entre nous, n'est-ce pas ?

— Ne vous l'ai-je pas promis ? Qu'il s'agisse de mademoiselle d'Estorade ou de toute autre, il n'est pas dans mes goûts de perdre une femme qui jouit d'une considération plus ou moins méritée.

— Elle la mérite ! s'écria Narcisse ému.

Et il ajouta tristement :

— Du moins elle l'a méritée jusqu'à présent, et c'est bien malheureux pour elle, une pareille faute !

— Mais savez-vous, mon cher ami, que vous me faites l'effet d'être jaloux d'Albany ? Voyons, vous avez besoin de parler, je le vois. Ne vous gênez pas, j'écoute.

— Eh bien, vous avez raison, répondit Narcisse en s'asseyant. J'ai besoin de vous parler d'elle, car j'ai beaucoup de chagrin. Mais ce n'est pas ce que vous croyez. Je ne suis pas, je ne peux pas être amoureux de mademoiselle d'Estorade, personne n'a jamais été amoureux d'elle, et personne ne le sera jamais, Albany moins que tout autre. C'est un misérable qui la trompe, et qui l'exploite, j'en suis certain. Bien des gros bourgeois, bien des jeunes nobles eussent voulu l'épouser, dans le temps,

à cause de ses écus et de son nom. Moi, je ne pouvais pas y prétendre, et je ne l'eusse pas voulu. Mais cela ne m'empêche pas d'avoir de l'amitié pour elle : quand on a été élevé ensemble !

— Comment cela s'est-il fait ?

— Mon Dieu, c'est bien simple. Mon père avait un petit bien de campagne qui jouxtait les terres et le château d'Estorade, à deux lieues de la ville, dans un joli pays, allez ! Madame d'Estorade était veuve. Sa fille est fille unique. Moi, j'avais deux sœurs ; l'une, qui est morte, fut longtemps l'amie intime de Juliette : c'est ainsi que nous appelions familièrement autrefois mademoiselle d'Estorade. Nous étions camarades avec elle. On se voyait du matin au soir ; on jouait, on courait ensemble, on se tutoyait, on s'est tutoyé longtemps !

» Quand je fus en âge d'apprendre quelque chose, on me mit au collège, où j'arrivai seulement en quatrième. Après quoi, il me fallut revenir aider dans son commerce mon père, qui se faisait infirme. Ma pauvre mère venait de mourir, et mon père ne voulait pas que ses filles missent le pied au café et la figure au comptoir.

» On s'était toujours retrouvé à la campagne, aux vacances, les d'Estorade et nous. Nos mères étaient pieuses toutes deux et se convenaient beaucoup, malgré la différence du rang. Mais, quand je fus cloué à la boutique, on se perdit de vue. A son tour, mademoiselle d'Estorade perdit sa mère et s'en alla passer trois ans chez une tante, loin d'ici. On pensait qu'elle se marierait par là ; mais elle revint à vingt et un ans avec d'autres idées. Elle ne vit personne de ses anciennes connaissances et s'enferma dans ce couvent, où elle se fit une société et une occupation et y établissant des sœurs et une école d'enfants. C'est une bonne âme, voyez-vous cette fille-là ! Elle n'a rien, elle donne tout aux pauvres, et sans leur demander, comme font certaines autres dévotes, leur billet de confession. Il suffit qu'on soit malheureux ; elle ne consulte personne là-dessus que son cœur. Oui, vraiment, c'est dommage, bien dommage qu'elle soit tombée de si haut ! J'en suis tout étourdi, comme si j'étais tombé moi-même du faîte d'une maison ! Mais que faire à cela ? Si Dieu ne l'a pas préservée, personne ne pourra lui porter secours.

— Alors, répondis-je, puisque vous êtes son ami d'enfance, vous avez au moins le droit de la plaindre et le devoir de la défendre, si sa faute est divulguée.

— La plaindre, oui, je la plains ! Mais la défendre, comment ferais-je ? Est-ce possible, après ce que nous avons vu ?

Narcisse était, malgré sa grande raison et son bon cœur, l'homme de sa petite ville, en ce sens qu'il craignait de devenir ridicule et même un peu immoral aux yeux de ses concitoyens, s'il cherchait à excuser une chose honteuse ou à nier un fait avéré.

Je lui fis observer que ce fait pouvait bien n'être ni avéré ni honteux. Que savions-nous, après tout, de l'étrange roman dont nous venions de voir, sans le comprendre, un mystérieux chapitre ? Pas la moindre familiarité n'avait été échangée entre ces deux personnages qui se croyaient si seuls. N'était-il pas possible que l'artiste endetté et livré au désordre eût réussi, à la suite de je ne sais quels hasards et de quelles rencontres imprévues, a exploiter la pitié et la charité d'une sainte fille, ignorante de la vie réelle, et chaste au point de ne rien craindre pour elle-même d'un pareil contact ?

— Dame ! dame ! reprenait Narcisse, vous m'en direz

tant! Mais, est-ce possible à une fille de vingt huit ans? Je sais bien qu'autrefois elle était si innocente, que, quand j'étais *commandé* de l'embrasser aux petits jeux, elle me tendait la joue et elle ne rougissait seulement pas. Moi, je rougissais un peu. J'avais seize ans, et, bien qu'elle ne passât pas pour belle, c'était une demoiselle, et j'avais honte! Mais, à présent, voyez-vous, c'est impossible qu'elle ne sache rien de rien, comme à quinze ans!

— Enfin, que voulez-vous faire pour la préserver du malheur où elle se jette? Car je vois bien que vous cherchez un moyen de lui prouver votre affection.

— Lui prouver, non! Est-ce qu'elle se souvient seulement que j'existe? Il n'y a rien d'ingrat et d'oublieux comme ces *bigotes !* Et, lorsque j'ai voulu acheter ce petit terrain qui est là et dont la propriété est très-contestable, après tout... car mon père s'en était emparé... Voyez! ce poirier qui a poussé au hasard faute de soins, et cette vigne qui grimpe sur le mur de l'enclos des religieuses, c'est lui qui les avait plantés. Personne ne lui disait rien. C'était un terrain abandonné. Eh bien, quand *elle* a acheté le couvent et ses dépendances, son avoué m'a cherché querelle, et elle a fait faire cette barrière à ses frais pour établir sa possession, sans aucun égard à mes offres. Je demandais à acheter une chose qui m'appartient peut-être, voyez-vous! et, si j'avais voulu plaider!... Tout le monde m'a dit que je gagnerais. Mais la chose n'en valait pas la peine; et puis je répugnais à plaider contre une personne qui a été autrefois comme ma sœur !

— Et, à présent, vous avez pourtant encore cette grosse affaire sur le cœur!

— Que voulez-vous? c'est le procédé qui m'a blessé! Dans nos petits endroits, on se souvient longtemps des petites bisbilles. Eh bien, voyez-vous, elle a été punie de son entêtement. Si ce bout de terrain m'eût appartenu, elle eût fait murer cette porte par où elle était sortie, on peut dire, du bon chemin, et elle n'eût peut-être jamais échangé un mot avec ce comédien, ni seulement aperçu sa figure.

— Convenez que c'est payer bien cher une bien légère faute envers vous!

— Oui, oui, cent fois trop cher! Et je voudrais que le diable eût emporté la porte, le terrain, et Albany par-dessus le marché.

Je voyais l'excellent Narcisse très-agité et très-affecté. Il voulait écrire à mademoiselle d'Estorade pour lui dire de prendre garde à elle, mais il n'osait pas; il ne s'en sentait pas le droit. Il avait envie de chercher querelle à Albany.

— S'il était lâche, disait-il, je le ferais partir en le menaçant de le tuer; mais il ne l'est pas, et il pourrait faire un scandale où, en dépit de moi, le nom de Juliette d'Estorade serait compromis et sa faute ébruitée.

Nous nous séparâmes sans rien conclure.

Le lendemain, à déjeuner, Narcisse semblait avoir, encore une fois, oublié l'aventure. Moi, j'y avais réfléchi, et je lui conseillai de dissimuler avec Albany, qui allait une de ses pratiques les plus assidues, et de le sonder assez adroitement pour savoir quel genre de sentiment il cachait ou avouait pour mademoiselle d'Estorade.

— Je ne suis pas adroit, me répondit le cafetier avec un peu d'humeur. Et puis je me sens irrité contre lui. Sa figure me déplaît. Je le soufflèterais volontiers, voyez-vous!

— Eh bien, voulez-vous que je tâche de le faire causer? Il faut pourtant savoir à quoi s'en tenir sur ses intentions, ou abandonner votre ancienne amie à son sort.

— Vous avez raison. Il faut savoir si, au moins, il est discret. Chargez-vous de ça, et, s'il parle trop, et mal, ma foi, gare à lui!

— Vous me disiez pourtant hier qu'il y avait du bon dans ce garçon-là ?

— Oui, par moments, il semble qu'il ait du cœur. Par moments aussi, c'est un don Juan!

— De petite ville ! Ce n'est pas bien dangereux!

— Tout est dangereux pour une religieuse.

— C'est vrai! Eh bien, nous verrons. Est-ce la première fois qu'il vient dans ce pays?

— Oh! non ! Il n'y a reparu que depuis quelques jours avec la *troupe de musique* de M. Darleville. J'aime à croire qu'il lui a fallu plus de temps pour séduire Juliette... je veux dire mademoiselle d'Estorade. Il a passé ici, l'an dernier, environ trois mois... Mais, tenez, le voilà qui entre en bas, j'entends sa voix!

Nous descendîmes au billard. Nous y trouvâmes Albany, en effet. Il ôtait son habit noir un peu râpé, et semblait prendre plaisir à exhiber une magnifique chemise de batiste artistement piquée et brodée, et à faire sentir, sous ce léger vêtement, l'élégance de ses formes et la souplesse de ses mouvements. Il acceptait le défi d'un des plus forts joueurs de la ville et entamait la partie avec nonchalance, laissant à son adversaire le temps de prendre une apparence d'avantage, et le louant avec beaucoup de grâce des coups heureux qu'il semblait regarder avec admiration.

— Il est très-fin, me dit Narcisse sans trop baisser la voix en le désignant. Il laisse gagner, et puis, comme il joue la *consommation* et qu'il ne vit guère d'autre chose, il pousse si bien au quitte ou double, qu'il est sûr de son affaire. Vous allez voir, si ça vous intéresse. Moi, je vais à mon ouvrage!

Albany me parut avoir entendu ou deviné les paroles du cafetier. Un nuage passa sur sa figure et ses yeux suivirent Narcisse avec une expression où je crus lire un mélange de dépit et de confusion. Puis ils se reportèrent sur moi d'un air de défi; mais ils se détournèrent aussitôt, soit que ma figure lui parût sérieuse ou indifférente.

Albany était un homme superbe, un peu trop préoccupé d'imiter tantôt le gracieux laisser-aller de Mélingue, tantôt l'aplomb triomphant de Chollet; et, comme une copie n'est jamais qu'une copie, il perdait à n'être pas toujours lui-même.

En ce moment, il me parut assez naïf, et j'admirai ses grands yeux pleins de feu, de dédain, d'ironie caressante ou de langueur paresseuse selon les émotions de la partie de jeu, ses traits admirablement dessinés, sa plantureuse chevelure noire, qu'il affectait un peu de mettre, comme par hasard, dans un heureux désordre. Je remarquai la blancheur de ses mains, la petitesse aristocratique de ses pieds finement chaussés, bien que son large pantalon, tombant sur les hanches, ne fût pas d'une fraîcheur irréprochable. Mélange singulier d'élégance et de débraillé, on voyait bien qu'il se sentait beau de la tête aux pieds, et qu'il chérissait tendrement son être. Mais, à la vanité de ses préoccupations sur ce point, on devinait une sorte d'incertitude et comme une secrète souffrance de n'être pas mieux posé dans la vie. Enfin, quoi qu'il fît, il n'avait pas, sous l'œil d'un observateur, ce que Julia avait en face de tout un public, la confiance aveugle en soi-même. Je le jugeai donc moins présomptueux, partant meilleur et plus intelligent.

Pendant que je l'examinais ainsi, il perdit la partie.

J'attendais qu'il demandât sa revanche, et son adversaire la lui proposa; mais il la refusa avec une sorte d'emphase, disant qu'il ne voulait plus jouer avec personne à la Faille, et me regardant comme pour protester contre l'accusation de Narcisse.

— A moins, lui dis-je, que ce ne soit gratis et pour l'honneur, auquel cas vous ne refuserez pas une leçon à un écolier, et je vous la demande, si votre adversaire se retire sur sa victoire.

— C'est ce que j'aurai à faire de plus prudent, répondit l'indigène en nous saluant après avoir regardé sa montre; d'autant plus que c'est l'heure de mon bureau.

— Mais alors, monsieur, dit Albany en portant la main à sa poche, qui avait bien la mine d'être vide, je vous dois...

— Nous réglerons ça une autre fois, reprit l'employé.

Et il ajouta à voix basse, en se tournant vers moi comme pour me remettre la queue qui était très-bonne:

— Ce garçon n'a pas le moyen de perdre; aussi ne faut-il pas trop le gagner.

Était-ce une manière très-spirituelle de me dire: « Prenez garde à vous; » ou bien tout simplement une sollicitude de triomphateur généreux? Je ne sais. Mais Albany vit bien qu'il me parlait bas, et je le trouvai fort troublé.

Nous commençâmes la partie sans rien dire. J'étais un joueur des plus médiocres, mais je n'eus point à en rougir. Il me gagna sans quitter la queue; après quoi, il me salua poliment et voulut se retirer. Je lui offris à déjeuner, quoique j'eusse déjeuné moi-même. Il refusa, j'insistai. J'étais réellement curieux de connaître un homme qui, dans cette situation, avait pu se faire aimer d'une espèce de sainte.

— J'accepte, me dit-il enfin, parce que nous n'avons rien joué et que vous ne me devez rien.

Cette préoccupation persistante me sembla confirmer la maussade vérité, et, dès que nous fûmes à table dans un coin assez tranquille de l'établissement, j'abordai franchement la question.

— Pourquoi, lui dis-je, êtes-vous si inquiet de ce que l'on peut penser de votre habileté au jeu?

— Que voulez-vous! répondit-il, quand on est malheureux, on est toujours accusé, et je sais fort bien ce que l'on dit de moi dans cette sale bicoque de petite ville. Au reste, c'est ainsi partout: les gens vous provoquent, et si, par complaisance ou par modestie, on ne leur montre pas tout d'un coup ce que l'on sait faire, il vous reprochent de les avoir enferrés pour les rançonner. Vaniteux et avares, voilà les provinciaux.

— C'est possible, repris-je, je ne connais pas encore ceux-ci; je suis, comme ils disent, un *étranger*, c'est-à-dire que je n'ai pas eu le bonheur de voir le jour dans l'enceinte de leurs murs.

— J'ai bien vu ça au premier coup d'œil; vous êtes un homme trop distingué...

— Ne parlons pas de moi, parlons de vous. Pourquoi êtes-vous malheureux?

— Ah! ce serait trop long à vous dire; on a une étoile; ou on n'en a pas!

— Vous me paraissez pourtant n'avoir pas le droit de vous plaindre de la nature.

— Hélas! je suis beau garçon, je le sais. C'est un avantage dans ma profession. Mais cela rend le public d'autant plus exigeant; et puis le monde est plein de bossus et de pancroches qui détestent un artiste bien tourné.

— Ceci est un paradoxe. Voyons, dites-moi, est-ce que vous n'avez pas de talent? Je ne vous ai pas encore entendu. Les gens d'ici prétendent qu'il eût dépendu de vous de briller sur d'autres scènes lyriques...

— Peut-être, monsieur, peut-être! j'ai du talent, beaucoup de talent. Entendez-moi, et vous verrez que je ne me vante pas; mais... les envieux, les ignorants qui gouvernent le monde, le public qui ne s'y connaît pas, une fierté qui ne sait pas se plier au caprice d'autrui; que vous dirai-je?... toutes les misères de l'artiste!

— Depuis que le monde est monde, toutes ces misères existent, et les grands artistes triomphent quand même. N'êtes-vous pas un peu paresseux?

— Non, dit-il, je travaille beaucoup, et le désordre que l'on me reproche n'a jamais pris sur ma santé ni sur mes études.

Il me disait la vérité, et, pour résumer l'appréciation que je veux donner ici de son caractère et de son existence, j'ajouterai qu'ayant eu plus tard l'occasion de l'entendre, je reconnus qu'il avait beaucoup d'acquit et des dons naturels remarquables; mais, dès notre premier entretien, je pénétrai aisément la cause de sa mauvaise fortune. Il avait, non pas comme il le croyait, une fierté légitime, mais une hauteur excessive vis-à-vis des directeurs de théâtre et même du public. Il ne voulait transiger avec rien, et, prétendant entrer à l'Opéra de Paris, aux Italiens, ou tout au moins à l'Opéra-Comique avec des appointements et des honneurs énormes, il avait si souvent et si fâcheusement dédaigné le moment favorable, qu'il était condamné à courir la province pour avoir du pain. Malheureusement, il avait agi tout aussi follement avec les directions de province, et il se voyait attaché à une troupe de troisième ordre, préférant, disait-il, être le premier au village que le dernier à la cour.

En somme, c'était un de ces hommes qui *n'ont pas de chance*, comme ils disent; mais qui ne s'avouent jamais qu'il y a de leur faute, qu'ils manquent leur vie pour un moment d'obstination déplacée, ou, tout au moins, qu'ils retardent de dix ans leur avenir pour n'avoir pas su, pendant trois mois, accepter une position au-dessous de leurs espérances. Le monde est peuplé de ces hommes-là; Albany n'était pas une exception.

Cela était pourtant assez bizarre en lui, car il avait des qualités aimables qui contrastaient avec sa déraisonnable hauteur; et, par une conséquence de cette déraison, il se trouvait entraîné à vivre parfois, avec tout son orgueil, d'une manière peu digne, sinon peu délicate. Il était criblé de dettes sur lesquelles les rêves de son ambition lui faisaient fermer les yeux, et il ne savait pas attendre qu'ils fussent réalisés, si jamais ils devaient l'être, pour se ranger à une existence sobre et prudente.

Fils d'un riche propriétaire campagnard (son véritable nom était Alban Gerbier), il avait été élevé dans une grande aisance. Pour suivre sa vocation d'artiste, il avait, disait-il, brisé héroïquement tous ses liens de famille. Son père l'avait abandonné, espérant le ramener par les privations; puis, le voyant dans des situations déplorables, il avait payé ses dettes avec résignation, en l'avertissant de ce qui lui arriverait, de ce qui lui était bien arrivé; c'est-à-dire qu'il avait mangé sa part d'héritage paternel et maternel, et qu'ayant plusieurs frères et sœurs, il ne pouvait plus prétendre à rien dans l'avenir. Le père, avec beaucoup de patience et de fermeté, l'avait sauvé tant qu'il avait pu le faire sans frustrer ses autres enfants. Le moment était venu où il ne le pouvait plus il ne le voulait plus; son abandon était irrévocable.

Comme ce jeune homme me confiait sa vie avec beaucoup de candeur, se plaignant trop des autres et pas assez de lui-même, je ne me gênai pas pour lui dire ses vérités et lui donner tort contre sa famille, le public et la société. Il se laissa gronder, et, bien qu'il se défendît d'être perdu sans ressources, je vis qu'il était plus effrayé de l'avenir qu'il ne voulait l'avouer; mais je vis aussi que mes sermons étaient inutiles, que tout le monde lui avait déjà dit, en vain, tout ce que je lui disais, et qu'il avait cette mauvaise manière de s'aimer soi-même qui consiste à se faire tout le tort possible plutôt que de se refuser quelque chose.

J'avais peine à comprendre comment, dans cette vie manquée, par conséquent obscure et misérable la plupart du temps, il avait pu gaspiller un patrimoine assez rond, et s'endetter par-dessus le marché. Il eût été fort embarrassé de le dire lui-même; mais je vis, à sa manière d'agir dans les petites choses, qu'en dépit de son mépris pour les provinciaux, une sorte d'ostentation provinciale, dont il avait peut-être pris le pli dans sa propre famille, l'entraînait au gaspillage. Ainsi, bien qu'il n'eût pas de quoi déjeuner, il jeta à la servante une gratification disproportionnée, pour le seul plaisir de faire ouvrir les yeux à ses voisins; et, déjà endetté chez Narcisse, il fit une commande de liqueurs qu'il voulait avoir chez lui, disait-il, pour recevoir ses camarades quand ils allaient le voir. Narcisse la lui refusa carrément, disant qu'il débitait au détail, et qu'il n'était pas marchand, mais cafetier.

Albany parut mortifié de ce refus, mais il le supporta sans rien lui dire d'offensant.

— Je ne sais, me dit-il, ce que ce gros garçon a contre moi aujourd'hui; il a l'air, à chaque instant, de vouloir me sauter à la gorge. Je suis très-doux, et je déteste les querelles; pourtant...

— Voulez-vous que je vous apprenne, lui dis-je en baissant la voix, ce que M. Pardoux a contre vous?

— Parbleu! oui, je le veux. Dites! Croit-il que je lui ferai banqueroute?

— C'est la chose dont il se préoccupe le moins; vous attirez du monde chez lui, parce que l'on est curieux de voir de près un acteur...

— Et vous pourriez bien dire aussi parce que je ne suis ni un idiot, ni un mauvais diable. Tous les flâneurs de cette ville s'attachent à mes pas, et, pour la plupart, ils m'adorent. Je les amène ici, je fais leur partie, ce qui les pousse à boire. Moi qui ne m'enivre jamais, je tiens tête aux plus solides. Donc, je suis tout profit pour le beau Narcisse.

— Mais le *beau* et *bon* Narcisse ne veut pas qu'on se promène dans son jardin sans sa permission, et surtout qu'on y entre par-dessus les murs.

Albany, malgré tout son aplomb, se déconcerta.

— Moi! dit-il, j'entre par-dessus les murs? Où prenez-vous le jardin où je me livre à cet exercice?

— Je n'en sais rien; je suis tout nouveau ici, moi; mais vous y avez assez pris pied pour connaître toutes les localités, et il paraît, d'ailleurs, que ledit jardin est mitoyen avec celui de la maison de ville, où les acteurs ont un coin pour causer et fumer quand il leur plaît.

— Ceci est exact; mais le diable m'emporte si je sais ce qu'il y a de l'autre côté du mur!

— On prétend qu'il y a, non pas tout près, mais à deux pas, un couvent de femmes.

— C'est fort possible, dit Albany en se versant de la liqueur pour dissimuler son trouble; mais qu'a cela de commun avec l'accusation de Narcisse?

— Il paraîtrait qu'avant-hier au soir, on vous a vu rôder par là.

— Qui?

— Je ne sais, une servante, un jardinier, quelqu'un enfin assure vous avoir vu marcher, à la nuit tombée, sur les plates-bandes de fleurs de M. Pardoux, et enjamber une barrière, une palissade, une séparation quelconque entre ce jardin et celui des religieuses.

— Celui qui a dit cela en a menti! s'écria vivement l'artiste. Je n'ai jamais passé...

Il s'arrêta, voyant que cette négation du second fait inventé par moi pour le faire parler était un aveu de l'autre fait dont il ne voulait pas convenir, celui de son entrée furtive dans le jardin du cafetier. Il se reprit :

— Je ne connais rien de cet endroit-là! S'imagine-t-on que je veuille enlever une de ces recluses? Si elles étaient jolies, passe! mais il paraît qu'elles sont affreuses.

— Mais n'y a-t-il pas là une demoiselle noble qui est libre d'écouter une romance ou de recevoir un billet doux?

Albany paya d'audace; mais, si sa discrétion fut irréprochable, sa manière de se défendre me parut fort triste pour mademoiselle d'Estorade.

— Je sais de quoi vous voulez parler, dit-il gaîment; grand merci! Vous ne savez donc pas que l'héroïne du roman dont vous me faites le héros est vieille et bossue?

— Je n'en sais rien; mais vous, vous l'avez donc vue?

— Ma foi, non! Je ne suis pas curieux de voir une femme bâtie comme un sac de pommes de terre.

— Alors, ce n'est pas vous qui égratignez les murs et qui écrasez les œillets de M. Pardoux?

— Le ciel me préserve de pareils méfaits! s'écria-t-il avec gaieté. Dites à notre ami Narcisse de me rendre son estime. Je n'ai pas le plus petit coquelicot de son jardin sur la conscience, et, si jamais le diable me tente et me pousse de ce côté-là, c'est qu'il y aura, derrière les murs du convent, une belle Espagnole à l'œil noir et à la basquine rebondie, mélodieuse comme une sirène et amoureuse comme une colombe. Malheureusement, on n'en fait plus, et cela ne se trouve que dans les vignettes de romances.

— Et, d'ailleurs, votre cœur est engagé, à ce que l'on assure?

— Julia? Vous savez déjà que je suis sous l'empire de Julia? Hélas! c'est une créature étourdissante! surtout quand elle chante. Vous l'avez *ouïe?*

— Elle a une très-belle voix.

— Une voix superbe, une tournure de reine Mab, et c'est tout.

— Vous n'en êtes pas plus épris que cela?

— J'en fus épris! Mais, à présent, elle m'ennuie. Elle n'a pas le sens commun. Parlons d'autre chose.

Comme je ne savais rien des mœurs et du caractère de mademoiselle Julia, je ne pus rien conclure de l'ingratitude ou de la dédaigneuse fatuité de son amant. D'ailleurs, je savais tout ce que je voulais savoir, et je le quittai, peu d'instants après, pour rendre compte à Narcisse de ce qui concernait mademoiselle d'Estorade.

Ce qu'il y vit de plus consolant pour elle à enregistrer, c'est que le comédien n'avait jamais franchi la palissade de son jardin, et qu'il se défendait de toute relation avec la *bossue*. Mais il n'en restait pas moins avéré pour nous deux que les relations existantes, de quelque nature qu'elles fussent, pouvaient ou devaient, tôt ou tard, porter une mortelle atteinte à la considération de mademoiselle d'Estorade.

— Pourquoi, dis-je à Narcisse, ne tenteriez-vous pas une démarche auprès d'elle? Elle écouterait peut-être la voix d'un ancien ami.

— J'y ai songé, dit-il; mais nous ne nous connaissons plus, et je n'ai jamais été hardi avec elle. J'ai été élevé dans l'idée qu'elle était trop au-dessus de moi, et, à présent, toute déchue qu'elle est dans mon idée, je sens que je n'oserais jamais lui parler d'une chose si délicate.

— Écrivez-lui, alors.

— Oh! je ne sais pas tourner une lettre; je n'ai pas reçu assez d'instruction.

— Je vous demande pardon; vous écrivez correctement, clairement, et, au besoin, je vous aiderai, si vous ne savez pas bien les formules à employer pour une femme.

Narcisse secoua la tête.

— Le mieux, dit-il, serait de lui dire indirectement la chose comme vous l'avez dite à Albany, sans avoir l'air d'y croire ou de s'en soucier. Comme cela, elle sera avertie du danger d'être découverte, et elle s'en méfiera. Le tout, c'est le moyen d'avoir une entrevue avec elle.

— Eh bien, vous avez un prétexte tout trouvé. Revenez sur l'affaire du petit morceau de terrain que vous n'avez pas voulu contester judiciairement, et, quelle que soit la réponse, vous trouverez certes l'occasion de faire pressentir incidemment ce que nous avons appris.

— C'est trop dur à lui dire en face.

— Il y a manière.

— Je ne saurais jamais. Venez avec moi.

— A quel titre?

— Vous serez en marché avec moi pour acheter mon jardin, et l'ajoutance de ce petit bout sera une condition que vous me faites et que je lui demanderai de résoudre.

— C'est convenu; et, puisque ma journée de travail se trouve perdue, allons-y tout de suite; demain, je n'aurais pas le temps.

Narcisse fut étourdi de l'idée d'agir à l'instant même. Il se troubla. Il n'était pas en toilette. Je le pressai, et il s'habilla tout en causant et sans trop savoir ce qu'il faisait.

Sa parure fut, en somme, très-soignée. Il avait mis tout ce qu'il avait de mieux. J'eus un peu envie de rire en le voyant équipé dans le goût du pays, et par la main singulièrement baroque des tailleurs du cru. Mais la mise surannée de mademoiselle d'Estorade et ses habitudes de retraite ne permettaient pas de penser qu'elle s'aperçût du plus ou moins de distinction de cette tenue de cérémonie.

III

Nous descendîmes la ruelle qui séparait les derrières du café de ceux du couvent, et Narcisse sonna résolûment à une petite porte. Le guichet s'ouvrit, et un vieux domestique, portier et jardinier, nous demanda ce que nous voulions. Narcisse resta court, et je fus forcé de répondre pour lui que M. Narcisse Pardoux et un de ses amis demandaient à mademoiselle d'Estorade un moment d'entretien particulier. Le vieillard prit un air fort étonné, accompagné d'une expression de doute sur la réponse qu'il aurait à nous rendre. Puis, s'étant fait répéter la demande, comme s'il eût eu peine à en croire ses oreilles sur un fait aussi insolite, il referma le guichet en disant:

— Je vas toujours dire la chose à *la demoiselle*.

— Vous verrez qu'elle ne nous recevra pas! me dit Narcisse, du ton dont il eût dit : « Pourvu qu'elle n'ait pas la fantaisie de nous recevoir! »

Il avait peur; la sueur lui coulait du front.

On nous laissa dans la rue cinq minutes, qui lui parurent un siècle. Enfin, le portier ouvrit la double porte, et nous dit :

— Si ces messieurs veulent se donner la peine d'entrer, *la demoiselle* les attend au parloir.

Évidemment, le bonhomme était enchanté de n'avoir pas à faire la désagréable commission d'un refus.

— Ça va donc bien, père Bondois? lui dit Narcisse, qui, par je ne sais quelle habitude de voisinage, souvenir d'enfance ou mouvement nerveux inexplicable, lui serra la main en passant.

— Vous me faites honneur, monsieur Narcisse, répondit le père Bondois : ça va comme vous voyez. J'étais votre voisin de campagne ; à présent, je suis votre voisin de ville. On ne se voit pas plus souvent pour ça, encore que l'on demeure porte à porte. Moi, je ne sors quasiment jamais en ville. Mais je me rappelle bien le temps où l'on se voyait tous les jours, où votre sœur Louise était toujours au château. Ah! c'est grand dommage qu'elle soit morte, mademoiselle Louise! C'était la grande camarade à la demoiselle. Dame! il fallait les voir ensemble, là-bas, à Estorade! L'une qui riait tout fort, l'autre qui riait tout doux; car la demoiselle, encore que petite enfant, n'a jamais été bien terrible!

En babillant ainsi, le père Bondois nous avait conduits au parloir, à travers de petits corridors voûtés, d'un style Louis XII assez remarquable. C'était la partie ancienne du couvent. Le parloir était du même temps, fort petit, mais très-bien conservé et heureusement nettoyé sans aucune couche de badigeon.

Ce cadre caractérisé me disposa peut-être à trouver mademoiselle d'Estorade plus agréable que je ne m'y étais attendu. Malgré ma première impression, qui avait été assez sympathique pour sa physionomie, les dédains d'Albany pour la bossue et la manière dont Narcisse lui-même parlait de sa tournure, m'avaient influencé malgré moi, et je m'étais préparé à la voir laide ou ridicule de près.

Ce fut tout le contraire. Dès le premier coup d'œil, je reconnus que mademoiselle d'Estorade n'était nullement bossue. Elle était mince et voûtée, il est vrai; mais, en dépit de sa vilaine robe plate, trop serrée sur sa poitrine et coupée trop carrément sur ses épaules, ses mouvements et même son attitude portée en avant avaient je ne sais quelle grâce touchante qui ne parlait pas aux sens, mais à l'esprit.

Elle était fort petite et fort maigre, mais avec de petits os; diaphane, et non anguleuse. Il eût fallu bien peu d'art, une simple robe aisée et formant quelques plis droits, pour donner à son corps la ténuité élégante d'une statuette de madone byzantine.

Elle était blonde, et elle avait, disait-on, coupé la plus magnifique chevelure dorée qui ait jamais orné la tête d'une femme, pour ensevelir la sienne sous un béguin plissé, recouvert d'une voilette de crêpe noir nouée sous le menton, en attendant, disait-on encore, le voile d'étamine qu'elle était résolue à prendre en prononçant des vœux éternels.

Ses mains, couvertes à demi par de grosses mitaines tricotées, et ses pieds, chaussés de petits sabots de jardin, me parurent effilés et un peu trop longs. Dans sa figure aussi, il y avait des lignes qui rappelaient le type des personnes contrefaites, car on pouvait dire qu'elle était une *bossue manquée;* mais si bien *manquée* en tant que bossue, qu'il en restait une personne frêle, souple, et d'un charme inexprimable.

Sa taille s'était comme affaissée à l'âge où les jeunes filles sortent, soit en guêpe, soit en papillon, soit en sauterelle, de l'étroite et mystérieuse chrysalide de l'enfance. Avec un peu de soin et d'attention, on l'eût aisément redressée. Mais sa mère était trop dévote pour songer à l'avantage des agréments extérieurs, et Juliette elle-même, dépourvue de coquetterie et de personnalité, s'était abandonnée sans résistance à une sorte d'étiolement prématuré.

Telle qu'elle était, et peut-être même à cause du problème que renfermait ce mélange d'imperfection et de charme, elle m'impressionna vivement. Elle ne ressemblait à personne. Sa voix avait une douceur inouïe, et un léger accent provincial prenait chez elle tant de mélodie que sa parole ressemblait à un chant. Son front avait une pureté exquise, et, bien qu'elle eût perdu la fraîcheur de la jeunesse (elle ne l'avait peut-être jamais eue), la candeur étonnante de son regard et de son sourire lui donnait, par moments, l'air d'un enfant. Quant à ses yeux, leur limpidité extraordinaire, leur expression de bonté chaste et confiante eussent suffi pour la rendre belle. Son regard est resté toujours dans ma mémoire *comme une céleste lumière.*

Elle nous reçut d'abord avec une extrême timidité, sans lever les yeux sur nous, sans savoir même lequel de nous deux était Narcisse, son ancien compagnon d'enfance. Il lui arriva même plus d'une fois de nous répondre : *Oui, madame,* et de se reprendre vite pour articuler avec effort ce mot de *monsieur* que ses lèvres semblaient avoir oublié.

Narcisse était encore plus embarrassé qu'elle. Il tournait son chapeau dans ses mains, et quel chapeau monumental ! Il n'osait s'asseoir, bien qu'on eût placé là des chaises à notre intention, et, tout à coup, il en prit une très-ancienne, très-haute et très-incommode, qui était contre la muraille, et sur laquelle, sans y être invité, il se percha, dans une contenance vraiment douloureuse.

Mademoiselle d'Estorade s'en aperçut, et prenant courage tout à coup, en personne chez qui l'obligeance et la bonté dominent toute répugnance, elle lui dit de sa voix douce, encore tremblante :

— Vous serez mal sur cette chaise, monsieur Pardoux. Prenez celle-ci, et dites-moi en quoi je puis vous obliger.

Narcisse fit de grands efforts pour établir clairement sa demande; mais il s'embrouilla si bien, que mademoiselle d'Estorade lui dit :

— Pardon, mais je ne comprends pas... Il paraît que mon avoué s'est trompé, et qu'il vous a fait un préjudice en mon nom. Je le regrette beaucoup. J'ignorais que le terrain appartînt à monsieur votre père. On m'a toujours dit que c'était une dépendance du couvent. Cela me paraissait probable; mais...

— Je ne réclame pas! s'écria Narcisse; je ne saurais prouver...

Il me regarda d'un air d'angoisse, et je dus prendre la parole pour exposer la requête amiable qui devait nous servir de prétexte.

Mademoiselle d'Estorade était devenue attentive; elle s'était calmée et rassurée, bien qu'elle parût surprise et incertaine. Je crus voir qu'elle voulait s'en tirer d'une manière évasive et tant soit peu jésuitique, lorsqu'elle nous répondit :

— Permettez-moi de consulter *notre* avoué avant de vous répondre. Si ma propriété sur ce petit terrain n'est établie que par une usurpation commise à mon insu, et que M. Pardoux aura eu la générosité de souffrir, me voilà prête à lui en faire l'abandon ; mais si, au contraire, le terrain a toujours appartenu à la communauté, je n'ai peut-être pas le droit de l'aliéner.

— La communauté, c'est vous ! reprit Narcisse, qui, de son côté, se remettait peu à peu. Le couvent a été vendu dans le temps comme *bien national.* Vous l'avez racheté depuis peu, restauré, utilisé ; personne n'a à vous en demander compte ; c'est votre bien, et je sais, par votre avoué lui-même, que vos religieuses n'ont rien à y prétendre.

Mademoiselle d'Estorade parut un peu embarrassée.

— C'est possible, dit-elle ; mais j'ai des devoirs envers *mes sœurs.* Je me suis engagée à leur assurer l'isolement, le repos, le silence, le cloître, en un mot. Que diraient-elles d'un voisinage qui me forcerait à murer tout un bâtiment dont elles peuvent avoir besoin?

— Elles n'en ont pas grand besoin, à ce qu'il paraît, reprit Narcisse, puisque vous avez donné des ordres à l'architecte de la ville pour qu'il eût à murer et à condamner absolument ces fenêtres de ce côté-là. Il m'a dit, hier, que, dans quinze jours, les ouvriers y seraient, et il aurait déjà dû les y mettre ; car nous voici à la fin d'août, et la bâtisse qu'on fait en septembre ne tient pas, dans nos pays, contre les gelées d'hiver.

Mademoiselle d'Estorade ne répondit rien, et Narcisse, qui, en somme, ne manquait pas de finesse, me regarda d'une façon expressive. Je compris qu'il m'ouvrait la porte pour le point délicat de l'entretien, et je pris la balle au bond.

— En effet, dis-je, sans m'adresser précisément ni à lui, ni à mademoiselle d'Estorade, l'étrange retard de ces travaux peut être fort préjudiciable, soit que le couvent les fasse exécuter en pure perte, soit que l'acquéreur du terrain se voie ajourné dans ses projets d'installation, par les dégâts que les pluies y seront la suite.

— Je vois, dit mademoiselle d'Estorade en souriant, que monsieur est pressé de planter des espaliers et de récolter des abricots sur le mur de *notre* maison.

Et, comme si elle eût craint de manquer de charité en se permettant cette légère malice, elle abattit sur moi son beau regard plein de sympathique aménité.

J'affectai de répondre en futur propriétaire, carré, à idées fixes.

— Certes, mademoiselle, lui dis-je, si, par votre permission, j'obtiens de m'établir sur le terrain, je ne planterai aucun espalier contre le mur de la maison sans votre agrément.

— C'est donc vous, monsieur, reprit-elle avec enjouement, et se moquant un peu de moi en elle-même, qui tenez tant à voir nos fenêtres supprimées et vos possessions agrandies d'un terrain de cinq ou six mètres de largeur? Vraiment, je serais désolée de vous contrarier pour si peu, d'autant plus que M. Narcisse, qui désire

traiter avec vous, est un ancien ami de ma famille; mais...
il faudra absolument que je consulte la communauté sur
ce point. Il est possible que ces dames ne veuillent point
d'un si proche voisinage, quelque décent et tranquille
qu'il puisse être.

— Oh! s'écria Narcisse, si vous les consul'ez, vos
dames, il y en a qui refuseront, j'en suis bien sûr!

— Vous reconnaissez donc que ma tolérance ne serait
pas sans inconvénient pour elles?

— Je le reconnais de reste, répondit-il avec l'aplomb
d'un homme résolu à mettre le feu aux poudres.

Mais, quand mademoiselle d'Estorade lui demanda,
avec un étonnement un peu froid, de s'expliquer, il
perdit courage et me regarda pour m'appeler à son
aide.

— M. Pardoux fait là, dis-je à mademoiselle d'Estorade, une petite indiscrétion. Il trahit malgré lui, pour
les besoins de sa cause, un plaisant secret que je lui
avais confié.

— Un plaisant secret, à propos de ma maison? dit
mademoiselle d'Estorade, qui devint rouge comme le feu.

— Plaisant ou grave, je l'ignore, et, puisque le mot de
secret est lâché, c'est à vous, mademoiselle, à vous qui
êtes, de fait, comme la supérieure ou la directrice de
cette petite communauté, que nous devons le révéler
Une de vos sœurs, ou de vos dames, comme il vous
plaira de les appeler, entretient une intrigue au dehors.
Un homme que nous connaissons, Narcisse et moi, et
qui n'est que trop connu dans le pays, vient apporter, le
soir, des billets doux dans le chèvrefeuille de la palissade, et causer ensuite secrètement, le matin, avec une
de vos recluses. Et, comme cet homme passe par-dessus
ou par-dessous nos murs, qu'il marche sur nos plates-
bandes, écrase nos girofléees, et, d'ailleurs, nous gêne
considérablement par sa présence, vu que nous ne fai-
sons pas de lui un cas énorme, je pense que le mieux
est, pour nous, de vous avertir de ce petit scandale;
pour vous, de le faire cesser en murant brusquement
portes et fenêtres sur ce terrain, que nous nous charge-
rons d'ailleurs de bien garder, si vous consentez à nous
le vendre.

Mademoiselle d'Estorade était devenue comme un
lis; un moment, je crus qu'elle allait s'évanouir, et
Narcisse, souffrant de sa détresse, m'adressa, au lieu
d'un regard d'admiration pour ma diplomatie, un regard
de reproche pour ma cruauté.

Cependant, la pauvre fille surmonta ce moment de
faiblesse, et, me regardant jusque dans l'âme, d'un air
de pénétration extraordinaire:

— Qui a vu ce que vous dites là, monsieur? me de-
manda-t-elle d'une voix brève un comme étouffée.

— Moi, madame, répondis-je avec assurance.

Elle se troubla de nouveau.

— Je vous crois, dit-elle; mais avez-vous vu la personne?

— J'ai vu les deux personnes: l'homme parfaitement,
la femme nullement quant au visage. Il m'a semblé que
c'était une religieuse. A coup sûr, c'était une femme qui
venait là en cachette, qui sortait de votre enclos en se
glissant dans le feuillage, et qui se baissait derrière la
palissade.

Les traits de mademoiselle d'Estorade prirent une expression de douloureuse ironie contre elle-même, lorsqu'elle me fit, avec un effort désespéré, cette nouvelle
question:

— Vous n'avez pas vu la figure de cette femme; mais
sa taille avait-elle quelque chose de particulier?

— Je l'ignore, répondis-je; j'ai vu sa robe noire et un
grand chapeau de paille, voilà tout.

Je ne sais si, sur ce dernier point, je mentais avec
aplomb, mais mademoiselle d'Estorade me parut un instant rassurée.

— Alors, reprit-elle, vous ne sauriez affirmer que ce
fût une religieuse? Ces dames ne portent pas de chapeau,
même pour aller au jardin.

— Il se peut, dit Narcisse, que ce fût une de vos élèves,
ou encore une ouvrière occupée dans l'établissement;
une des mille victimes de M. Albany le chanteur! Ça
nous est fort égal, à nous autres, qu'il en ait une de plus
ou de moins; mais, quand j'ai su la chose, j'ai trouvé
que la limite entre votre enclos et le nôtre était un endroit
mal choisi pour ses rendez-vous galants; qu'il compro-
mettait, par là, l'honneur de votre couvent en même
temps qu'il abîmait mon jardin, et je me suis promis de
le guetter avec un bon gourdin ou un bon fusil de
chasse, pour le guérir de cette fantaisie.

Mademoiselle d'Estorade redevint pâle, et, oubliant
tout à coup les dix années d'absence et de retraite qui
séparaient le passé du présent, elle parla au cafetier
comme elle lui eût parlé dans son enfance, à Estorade.

— Narcisse, dit-elle vivement, ne fais pas cela!

Elle rougit, et, se reprenant:

— Ne faites pas de scandale et n'accusez personne...
Non, non, je ne dois pas le souffrir, je ne le souffrirai
pas! Aucune de mes religieuses, aucune de mes élèves
ou même de mes ouvrières ne sera soupçonnée à ma
place. C'est moi, moi seule que vous perdrez, si le cœur
de l'un de vous, messieurs, et l'honneur de l'autre ne
prennent pas ma défense. C'est moi qui ai été vue sous
ce grand chapeau, derrière cette palissade. Oui, Narcisse,
c'est moi, Juliette, votre amie d'enfance, qui ai reçu les
billets et accepté les rendez-vous de M. Alban Gervier le
chanteur.

Elle parla ainsi debout avec une exaltation fébrile. Elle
était héroïque; car sa pudeur revoltée lui prit aussitôt à
la gorge et au cœur, et elle retomba étouffée et comme
pâmée sur sa chaise.

— Pauvre Juliette! s'écria involontairement Narcisse.

Et il étendit la main, mais sans oser prendre la sienne,
et il me dit avec angoisse:

— C'était pour son bien, mais nous lui avons fait de la
peine et du mal!

J'étais ému et inquiet moi-même; mais les pleurs vinrent au secours de mademoiselle d'Estorade, et nous les
laissâmes couler quelques instants sans rien dire. Après
quoi, nous lui jurâmes tous deux d'ensevelir ce secret au
plus profond de nos consciences.

— Oui, oui, je le sais, répondit-elle en regardant Narcisse; ce n'est pas vous qui me perdrez! car je peux être
perdue, moi qui n'ai pourtant rien à me reprocher. Je
connais l'aversion des bourgeoises de ce pays pour la béguine, comme elles m'appellent aujourd'hui, pour la bossue, comme elles m'appelaient autrefois, quand je parais-
sais au milieu d'elles et que je n'avais pas encore renoncé
ouvertement au mariage. Et les ennemis de la religion!
Comme ils triompheraient, s'ils pouvaient raconter une
pareille aventure! Quels sarcasmes, quels mépris, quels
commentaires! Ah! vous le voyez! ajouta-t-elle en se
tournant vers moi, je suis lâche, je crains l'opinion!
Mais ce n'est pas par orgueil, sachez-le bien. Je ne sens

s de honte en moi-même, et, si mon humiliation était utile à quelqu'un, je remercierais Dieu de me l'infliger; mais donner le mauvais exemple, et faire dire que nos couvents cachent des turpitudes, ah! cela serait odieux. Ayez pitié de moi!

Nous lui fîmes des promesses si sérieuses, Narcisse et moi, que nous parvînmes à la tranquilliser.

— J'espère, lui dit le cafetier, que vous ne me croyez pas votre ennemi! vous que ma mère et ma sœur aimaient tant, et qui avez fait tant de bien dans votre vie! Ne soyez pas plus inquiète de mon ami que de moi-même. Je vous réponds de lui. Et à présent, *demoiselle Juliette*, gardez votre terrain et faites de la bâtisse ce que vous voudrez; nous n'étions venus ici que pour vous avertir du danger. Ne parlez plus jamais à ce chanteur. Il a une autre maîtresse, il en a vingt autres, il en prend partout, et il ne se soucie d'aucune. Quant à vous, il ne vous aime pas; il vous tirera de l'argent pour payer ses dettes, et ce sera tout. Vous verrez que...

— Assez! assez sur son compte! dit mademoiselle d'Estorade avec une soudaine fermeté. Ce n'est pas lui qui est en cause, c'est moi seule! Il faut que je prenne congé de vous. Voici l'heure de nos offices, et votre visite s'est prolongée au delà de la règle du couvent; mais je veux vous revoir, je veux vous raconter tout ce que vous ignorez de moi. Je le dois, la vérité l'exige... Tenez, ici, cela est difficile; mais ailleurs, à Estorade, par exemple?

— Vous y allez donc encore quelquefois? s'écria Narcisse. On disait que vous aviez fait le vœu de ne plus sortir!

— On s'est trompé; je sors quand je veux; rarement, il est vrai, et il y a bien longtemps que cela ne m'est arrivé; mais je n'ai fait aucun vœu. Je n'ai point aliéné mes biens, et une visite à mes propriétés de campagne ne sera pas inutile. Quel jour voulez-vous nous y rencontrer? Je sais que vous avez toujours là votre maison d'autrefois, la Folie-Pardoux.

— Fixez le jour vous-même, demoiselle.

— Eh bien, le plus tôt possible.

— Demain?

— Demain, soit! Serez-vous libre? ajouta Narcisse en s'adressant à moi.

— Je ne me crois pas nécessaire à cet entretien tout confidentiel, répondis-je. Je n'ai pas l'honneur d'être l'ami d'enfance de mademoiselle d'Estorade...

— Il faut que vous soyez mon ami, reprit-elle. Vous voyez, dans ce moment-ci, je ne suis pas fière. J'attends tout de vous. Eh bien, je n'ai pas de honte à vous le demander; j'ai quelque espoir de vous en paraître plus digne quand je vous aurai raconté mon histoire. Viendrez-vous?

Je saluai en signe d'assentiment respectueux. On convint de l'heure et du lieu de la rencontre, qui, pour les convenances, si redoutées en province, devait paraître amenée par le hasard.

— Allons! dit Narcisse à Juliette en se retirant, vous nous pardonnez, n'est-ce pas, le chagrin... C'était pour vous sauver, voyez-vous! Et, si vous ne m'en voulez pas, donnez-moi le bonsoir d'autrefois.

— La main? dit mademoiselle d'Estorade avec un sourire de candeur triste et tranquille. Pas ici; je ne le puis. Il y a des règlements que j'observe. Mais à Estorade, c'est différent: à Estorade, je suis libre, et je ne mettrai pas de sot scrupule à serrer la main d'un ami.

— A Estorade..., me dit Narcisse, rêveur, quand nous fûmes dans la rue.

— Eh bien, vous voilà heureux de revoir avec elle le pays de vos souvenirs?

— Oui, oui, je le serais, si... Mais, voyez-vous, à Estorade, elle est libre, elle n'est plus religieuse; elle y va quand elle veut; elle n'a pas aliéné ses biens; elle peut s'y rendre avec mystère et y serrer, dit-elle, sans scrupule, la main d'un ami... Tenez! tenez! tout cela veut dire qu'elle peut se marier, et qu'elle y songe! Je suis bien sûr, à présent, qu'elle est aussi pure que l'enfant de quinze ans d'autrefois; mais elle a une inclination qui est pire pour son bonheur qu'une intrigue. Elle veut épouser ce comédien! Elle l'aime, en tout bien tout honneur, la pauvre fille! Et lui, qui a besoin d'argent pour payer ses dettes, il la plantera là, ou la fera mourir de chagrin.

— Pourquoi ne pas supposer qu'il l'aime et qu'il la sauvera?

— Il ne l'aime pas! Ne vous a-t-il pas dit qu'elle était vieille et bossue?

— Il répétait ce que l'on dit d'elle, pour mieux cacher son secret; mais il avait soin de dire qu'il ne l'avait jamais vue. D'ailleurs, vous-même, Narcisse, ne m'avez-vous point parlé de la même manière, et presque dans les mêmes termes?

— Moi, moi, c'est différent! Je ne suis pas amoureux! Je puis dire ce qu'elle est sans lui faire injure!

— Ainsi, vous la trouvez incapable d'inspirer de l'amour?

— Je n'en ai jamais eu pour elle! Elle n'a jamais songé à m'en donner; je ne lui dois rien de ce côté-là; au lieu que lui, il faut qu'il l'aime comme elle est, ou qu'il la trompe indignement; il n'y a pas de milieu.

Le raisonnement était juste.

— Nous saurons tout demain, lui dis-je; prenez patience!

Le lendemain, nous louâmes une affreuse carriole et un assez bon petit cheval, qui, en trois quarts d'heure de trot, nous conduisit à la *Folie-Pardoux*, en vue très-rapprochée du manoir d'Estorade.

Le pays était charmant; plusieurs coulées de petites gorges granitiques sillonnaient un vaste plateau élevé, couronné de groupes de beaux châtaigniers, et garni, sur ses versants, de jolis bois de hêtres et de bouleaux. Au fond de ces gorges qui se croisaient en nombreux méandres coulaient, ou plutôt bondissaient de charmants ruisseaux qui, en luttant contre les blocs de leur lit, se donnaient de temps en temps, des airs de torrent. Mais, malgré ces aspérités et ces bruits, cette nature était riante et comme plongée dans un calme mystérieux.

Au fond de ces ravines, on trouvait l'ombrage frais et sombre de groupes d'arbres et de buissons semés au hasard et jusque dans le lit des ruisseaux. Là, les rochers noirâtres, baignés de l'écume blanche des eaux jaillissantes, et rayés de grands lierres pleins de grâce, offraient une suite de tableaux adorables, dont un cadre que l'œil embrassait sans effort. Les sinuosités des torrents vous forçaient à mille détours où chaque pas variait et embellissait les aspects. Si l'on gravissait les talus, parfois tourmentés et assez élevés, de ces ravines, on découvrait de vastes espaces d'une grande beauté, et la laide ville de la Faille, allumant au soleil, dans un lointain bleu, son clocher d'ardoises neuves, faisait, à son insu, le seul bon effet dont elle fût susceptible.

La Gouvre, ce ruisseau étroit, mais profond et toujours abondant, sur lequel nous fondions la principale espérance de nos usines futures, fournissait encore, malgré la sécheresse et le mauvais état des pelles, une eau limpide aux petits fossés du castel d'Estorade. Ce vieux manoir n'était pas d'une grande étendue. Son groupe de tourelles, resserré sur une plate-forme de rochers d'un beau ton et d'une belle forme, gagnait en hauteur le logement qu'il ne pouvait pas fournir en développement. Sa masse élancée plongeait d'interminables reflets dans l'eau tranquille des fossés, et de colossales vignes vierges grimpaient jusqu'aux fenêtres du premier étage.

Ce château se présentait, à mi-côte, en face de la maisonnette rose, à contrevents vert-pomme, que le père de Narcisse avait bâtie au versant opposé de la vallée, et décorée du nom quelque peu ambitieux de Folie-Pardoux. Il n'y avait rien d'excentrique dans cette demeure bourgeoise, assez confortable, dont l'aspect criard rentrait dans le goût classique de la localité. Je doute que, des fenêtres du château, elle offrît un accident agréable dans le paysage; mais, tout au contraire, le château complétait la charmante vue que l'on avait des fenêtres de la Folie. Il avait l'air fier et mélancolique sous sa couleur sombre et son revêtement de feuillage; et, précisément de ce côté-là, la Gouvre baignait de ses propres eaux limpides et hâtées son piédestal de granit.

Narcisse n'était pas artiste.

— Voyez, me dit-il, si ce n'est pas dommage de laisser abîmer comme ça une si belle bâtisse! Car le château, bien que très-vieux, est très-solide encore, et les ouvriers du pays disent qu'il ne serait plus possible d'établir une construction comme ça dans un pareil endroit. Mais c'est trop négligé! N'avait-elle pas le moyen de faire reblanchir ses tourelles et ses murailles, que voilà aussi noires que le roc? Et toutes ces herbes, toutes ces branches folles qui dégradent les portes et fenêtres! Qu'est-ce qu'il en coûterait pour arracher et couper tout ça? C'est bien triste, n'est-ce pas, d'abandonner une belle propriété? Et pour quoi? pour qui? Est-ce que ça lui sera compté dans le ciel, d'avoir quitté un endroit qu'elle aimait, pour habiter un couvent où son pauvre cœur n'a pas été plus en sûreté qu'ailleurs?

Nous ne devions pas rendre visite à mademoiselle d'Estorade. Comme elle ne recevait jamais personne à la campagne, cela eût pu surprendre les gens du château et être répété à la ville. Conformément à l'accord fait avec elle, nous devions donc la rencontrer à la promenade, et Narcisse, prenant son fusil et sifflant son chien, passa le premier pour me conduire au lieu du rendez-vous.

Je le suivis pas à pas, dans un sentier très-difficile, en remontant la Gouvre dans la principale de ces longues ravines dont j'ai parlé. Plus nous avancions, plus le tableau devenait sauvage et le sol inculte. La gorge, en se rétrécissant, ne permettait plus à aucune culture, à aucun pâturage de s'établir sur ses flancs abrupts, et pourtant la riante et charmante fraîcheur de cette petite et lointaine solitude n'admettait pas d'idées sombres. Les truites sautillaient dans le ruisseau de cristal, les merles chantaient dans les taillis, et les martins-pêcheurs rasaient de leur vol, semblable à celui d'une flèche d'or, les roches humides et les petites flaques de sable fin et propre, où l'on ne voyait aucune empreinte de pas humains.

Nous marchions depuis près d'une heure, et le sentier n'existait presque plus. Nous posions le pied de pierre en pierre, sur le rivage, remontant les innombrables cascatelles de la Gouvre, ou nous dirigeant à travers les branches et les ronces, quand la rive, trop ardue, nous forçait de faire un petit crochet dans les bois jetés au flanc du ravin. La marche était assez fatigante, quelquefois même un peu dangereuse.

— Ah çà! dis-je à mon compagnon, mademoiselle d'Estorade a pris un autre chemin, je pense, pour aller à ce rendez-vous?

— Je le pense aussi, répondit-il. Autrefois elle était, non pas forte sur ses jambes, mais très-adroite de ses pieds: quand on a été élevé dans nos rocailles! Mais elle doit avoir perdu l'habitude, depuis qu'elle s'est mise en cage. Il y a un autre chemin, par le haut, où elle a pu aller en voiture ou sur un âne.

Mais, au bout de quelques pas, Narcisse s'arrêta, en disant:

— Non! elle a passé par ici; voyez! c'est la trace de son petit sabot qui est là sur le sable. C'est tout frais, elle ne doit pas être loin!

En effet, nous trouvâmes mademoiselle d'Estorade assise au bord de l'eau, sous un vieux chêne, dans une étroite prairie en pente que baignait le ruisseau apaisé, et qu'enfermaient, comme un sanctuaire, d'énormes blocs de rocher aux flancs coupés à pic. Des arbres superbes remplissaient de leurs masses sombres les déchirures de cette crête granitique, dont l'attitude rigide et l'austère nudité donnaient quelque chose d'imposant et même de religieux à la mystérieuse enceinte de verdure qu'elle protégeait.

IV

Mademoiselle d'Estorade était, à son insu probablement, un peu moins mal habillée que la veille. Un léger châle de mousseline blanche cachait le corsage de sa vilaine robe noire, et jetait quelque ampleur sur sa jupe étriquée. Elle avait son grand chapeau de paille du fameux rendez-vous; mais elle l'avait posé à côté d'elle, ainsi que son béguin plissé, à cause de la chaleur qui était accablante. Sa tête n'était donc couverte que du petit voile noir, à travers lequel on voyait l'or de sa chevelure, et même quelques grosses boucles de ses beaux cheveux, impitoyablement sacrifiés, qui moutonnaient sur sa nuque blanche et lui donnaient cet aspect enfantin dont j'avais été déjà frappé.

Elle vint à notre rencontre d'un air ému mais ouvert, et la manière dont elle nous tendit à la fois ses deux mains témoignait plus d'attendrissement que de crainte.

— Asseyez-vous là, dit-elle; Dieu nous fournit les sièges de ce beau salon d'été. N'est-ce pas un endroit où l'on voudrait pouvoir rester, vivre de ses propres pensées, et mourir sans se rappeler que le monde existe?... J'ai bien des choses à vous dire; mais reposez-vous d'abord. Le chemin a dû vous lasser beaucoup.

— Oh! moi, un chasseur, répondit Narcisse en s'asseyant à une certaine distance d'elle, sur un rocher plat du rivage, je ne me fatigue pas pour si peu! Mon camarade est un naturaliste, habitué à de plus hautes montagnes et à de plus mauvais chemins. Mais vous, demoiselle! je n'aurais pas cru que vous vous souviendriez si bien de vos promenades d'autrefois!

— Vous pouvez dire nos promenades, reprit-elle; car nous sommes venus bien des fois ici avec nos sœurs. Notre pauvre Louise aimait beaucoup cet endroit; vous en souvenez-vous?

— Pardieu! si je m'en souviens! répondit Narcisse en levant les épaules pour étouffer un soupir; je ne suis pas si vieux que j'aie oublié tant de choses qui sont tristes, et pourtant bonnes à se remémorer. La perte de ceux qu'on aime, c'est bien dur! mais l'oubli, c'est pire que tout!

Mademoiselle d'Estorade ne parut pas comprendre le reproche, ou, si elle le comprit, elle ne voulut pas s'en justifier. Je la sentais, vis-à-vis de nous, dans une position excessivement délicate. La limite entre la confiance reconnaissante qu'elle croyait nous devoir et la câlinerie coquette d'une femme qui craint d'être trahie, était une nuance bien fine pour être saisie par elle, ignorante du monde, ou livrée si longtemps à l'isolement du cloître. Un mot, un regard au delà ou en deçà de cette limite l'eussent rendue impertinente vis-à-vis de nous, ou lâche envers elle-même. Je remarquai, avec surprise, comme elle sut rester dans la mesure et dans la grâce, dans le charme pénétrant et dans la chaste dignité. Narcisse ne s'en rendit peut-être pas aussi bien compte; mais il le sentit et en fut secrètement dominé.

Je reconnus bien vite que mademoiselle d'Estorade avait l'esprit fin et délié des natures craintives et souffreteuses; mais ce n'était pas un esprit de *bossue*; elle n'avait pas de fiel et ne raillait qu'avec une douceur d'intention non équivoque. J'avais eu déjà la grande occasion de voir quel courage moral elle pouvait trouver dans sa conscience, en dépit de la sauvage timidité de ses habitudes. Soit supériorité d'expérience, soit désintéressement d'affection, je n'étais pas aussi scandalisé que Narcisse de l'inclination pour l'artiste. J'étais donc si bien disposé à l'indulgence, que je me laissais aller à l'admiration.

Elle causa avec Narcisse quelques instants, lui demandant des nouvelles de la sœur qui lui restait et de ses neveux, les enfants de cette sœur, qu'elle n'avait jamais vus.

— Mais je ne veux pas vous retenir trop longtemps ici, nous dit-elle. J'ai des secrets à vous confier; je me suis demandé si j'aurais le courage de vous raconter ma vie. J'ai reculé; mais, décidée à tenir une promesse (je devrais dire une prière) faite spontanément et sous le coup d'une certaine exaltation, j'ai passé la nuit à écrire, et c'est quelques pages que je vous demande d'écouter. Je n'ai aucun talent de rédaction. Prenez seulement pour sincère le résumé que je vais vous lire.

— Demoiselle, s'écria Narcisse en la voyant tenir d'une main fort tremblante les feuillets qu'elle venait de prendre dans sa poche, si cela vous coûte, ne lisez pas; nous n'avons pas besoin de savoir pour nous taire!

— Je n'en doute pas, monsieur Pardoux, reprit-elle; mais je tiens à votre estime, et je dois aux principes religieux que j'ai proclamés par mes années de renoncement au monde, de ne pas laisser dans votre opinion une tache sur ma conduite.

— Eh! mon Dieu, nous savons bien que vous ne pouvez rien avoir de mauvais à vous reprocher; nous avons craint seulement une amitié mal dangereuse...

— Eh bien, s'il en est ainsi, reprit-elle, vous me donnerez un bon conseil.

Et elle essaya de lire; mais elle était trop émue intérieurement. La voix lui manqua dès les premières lignes.

— Tenez, ne dit mademoiselle d'Estorade, je suis oppressée et sottement timide. Mon écriture n'est pas difficile à lire. Voulez-vous bien vous en charger?

Je pris le manuscrit et lus ce qui suit:

« J'ai peu connu mon père. Il était bon et rude. Ma mère le craignait et le chérissait. Elle était frêle et douce, charitable et sainte. Elle m'éleva dans une piété ardente, mais toujours elle me prêcha l'indulgence pour les autres. Ses derniers entretiens avec moi furent pour me recommander de me préserver des passions.

» — Je les ai connues pour mon malheur, dit-elle. J'ai été éprise et jalouse de ton père. Je lui ai, par là, causé des chagrins que j'eusse pu lui épargner, et qui ont peut-être hâté sa mort; car il était irritable et supportait avec une impatience douloureuse mes pleurs et mes injustices. Quant à moi, le chagrin et le remords ont certainement hâté le cours de ma vie. Dieu me pardonnera, je l'ai tant prié! Mais ma fin est endolorie, épouvantée par la crainte de ton avenir. Pauvre enfant qui as hérité de ma sensibilité et de mon manque de charmes, pourras-tu garder ton âme tranquille et tout entière à Dieu?

» Je voulus promettre à ma pauvre mère de me faire religieuse. Ce n'était pas alors précisément mon goût. Je n'aimais pas le bruit, il est vrai, et je n'aspirais pas à un monde que je ne connaissais pas; mais j'aimais la vie de campagne et la liberté. Cependant, j'eusse engagé tout mon avenir sur un mot, pour adoucir les dernières heures de ma mère bien-aimée. C'était là mon unique devoir.

» Ma sainte mère repoussa mon vœu.

» — Non, non, dit-elle, point de promesses à moi, ni à toi-même, je te le défends.

» Et, comme j'insistais sur ce qu'elle m'avait dit des souffrances et des aveuglements inséparables des affections trop exclusives, elle ajouta:

» — Je te défends de prendre le voile, si tu dois le prendre, avant l'âge de trente ans. Pour se soustraire aux devoirs de la famille, il faut une vraie vocation, et tu ne l'as pas maintenant.

» Nous revînmes plusieurs fois sur ce sujet dans ses moments de calme. Dans ces moments-là, l'espoir de la conserver me donnait le courage de lui parler de moi-même. Elle m'apprit de moi, ainsi que du monde, des choses que j'ignorais.

» — Pour être aimée de l'homme à qui l'on donne sa vie, me dit-elle, il ne suffit malheureusement pas de l'aimer de toute son âme, il faut encore lui plaire. Les hommes nous demandent plutôt des agréments que des vertus. Eh bien, ma fille, ces agréments que je n'ai jamais possédés, la nature ne te les a pas donnés. Comme moi, tu es mince, pâle, sans tournure, sans grâce, sans aptitude de coquetterie. Ta taille se voûte même plus tôt que n'a fait la mienne, et nos parents de Touraine, quand ils me voient de loin en loin, me disent: « Prenez-y » garde, elle pourrait bien devenir bossue. » Si cela t'arrive, ma pauvre enfant, il ne faudra plus songer au mariage. Tu es, par moi, le dernier rejeton d'une race dégénérée physiquement. Mon père et ma grand'mère étaient valétudinaires, et ils sont morts jeunes comme je meurs. Dieu te permettrait alors de te consacrer à lui sans partage, et, ma fille, ta nature ne trouverais certainement le vrai bonheur. Mais retiens bien ceci, qu'il faut être plus qu'en âge de raison pour contracter un hyménée si ambitieux et si sublime avec la divine sainteté.

» Je n'éprouvai aucun chagrin d'apprendre que j'étais ainsi disgraciée. Au contraire, ma mère, en me dévoilant les douleurs cachées et les humiliations intérieures de sa vie conjugale, m'avait inspiré un tel effroi de l'affection

non partagée dans le mariage, que j'aspirai dès lors, sinon au cloître, du moins à la solitude, et j'étais, en quelque sorte, satisfaite de me dire :

» — Eh bien, puisque je suis ou dois être contrefaite, n'est-ce pas tant mieux pour moi? Je ne me ferai pas de vaines illusions, et, sans espoir possible d'être aimée, je n'aimerai jamais que celui qui ne prise et ne récompense que la beauté de l'âme.

» Ce n'est pas ici le lieu de dire quel coup me porta la mort de ma mère. Je ne le pourrais pas, d'ailleurs. Je n'avais aimé exclusivement qu'elle au monde. Depuis longtemps, je la voyais dépérir, et je me faisais l'illusion que ma tendresse et mes soins prolongeraient sa vie. Je restai seule sur la terre. Une excellente amie d'enfance, Louise Pardoux, songea bien à venir habiter avec moi; mais nous étions trop jeunes pour rester ainsi, sans chaperon, à la campagne. Sa sœur, que j'aimais aussi, allait se marier. Une de mes tantes, qui était bonne et riche, m'emmena en Touraine, dans une très-belle propriété, où elle voyait du monde.

» J'avais dix-huit ans, et tout, dans ce brillant monde, était nouveau pour moi. Mes cousines étaient belles et recherchées; je ne sentis point de jalousie contre elles, mais je sentis bien mon infériorité, et, tout en les aimant sans effort, je m'attachai de plus en plus à l'idée du célibat.

» Dans notre voisinage, un riche propriétaire, nommé M. Gerbier, avait une belle résidence, et les deux familles se voyaient souvent. Alban était le second fils de M. Gerbier. Il était élégant, froid, rêveur. Mes cousines l'appelaient le beau dédaigneux. Cependant, on remarqua vite qu'avec moi seule il se départait de son humeur farouche. Il causait avec moi et semblait éprouver de la sympathie pour la boscotte; c'est ainsi que m'appelait ma tante pour me taquiner et me forcer, disait-elle, à me tenir droite, chose qui m'était impossible, je n'osais pas trop l'avouer.

» Alban avait cette voix magnifique que vous savez, et, sans avoir étudié sérieusement la musique, il chantait à ravir. On l'admirait beaucoup dans son entourage et dans le nôtre. Quand il voulait bien chanter, on lui pardonnait sa mélancolie et sa froideur.

» Je l'accompagnais souvent au piano, et, pour le décider à se faire entendre (car il y faisait beaucoup de façons), j'avais quelquefois sur lui une certaine influence. J'avais l'air de pouvoir, seule, lui donner confiance dans son talent, qu'il affectait de dédaigner comme le reste. On remarqua notre bonne entente et on en plaisanta dans la famille. Je répondis ce qui était vrai : Alban n'était certes pas indifférent à l'effet qu'il pouvait produire sur les autres femmes; s'il était à l'aise avec moi seule, c'est parce que j'étais absolument sans conséquence.

» A cette époque, je n'étais pas riche. Mes parents m'avaient laissé cette terre d'Estorade, qui est vaste, mais dont, grâce à ces beaux rochers que j'aimais tant et que j'aime toujours, le produit était mince. Ma pauvre personne ne faisait donc pas illusion aux chercheurs de mariage, et nul ne pouvait penser sérieusement que le fier Alban s'était épris de moi.

» Comme, tout au contraire, il songeait à épouser une de mes cousines et que l'on s'en doutait bien, les plaisanteries dont j'étais l'objet n'avaient rien d'amer, et j'en riais comme les autres.

» Malgré cette velléité d'hyménée, Alban n'était décidé à rien. Un jour que nous causions ensemble dans un coin du salon plein de monde, je le confessai, ou plutôt

je le pénétrai. Ce talent de chanteur, cette belle voix dont il paraissait faire si peu de cas, c'était là l'orgueil, le rêve, la passion de sa vie. Il avait alors vingt-deux ans. Il avait fini toutes ses études, et son père le pressait d'embrasser un état. Il les critiquait et les méprisait tous. La musique était la seule chose qu'il crût digne de lui. Il parlait si vivement de l'art et de ce qu'il appelait l'artiste (c'était pour lui comme qui eût dit l'homme, le seul être digne de ce nom), que l'on remarqua l'émotion de son regard, et comme sa langue se déliait en me parlant.

» Moi, je ne m'étonnais pas de son enthousiasme pour la musique, que j'ai toujours aimée passionnément. Mais je l'exhortais à ne pas contrarier le vœu de sa famille pour une satisfaction toute personnelle, lorsque ma tante vint nous interrompre avec quelque dépit. L'excellente femme n'avait pas de jalousie pour ses filles; elle croyait, de bonne foi, qu'Alban se faisait un jeu de me monter la tête pour se moquer de moi. Elle s'y prit maladroitement, et les quelques mots qu'elle lui dit pour lui reprocher son assiduité auprès d'une seule personne de sa famille furent entendus et mal interprétés. Alban lui-même s'y trompa. Il crut qu'on cherchait à l'engager, à le compromettre vis-à-vis de moi... Il répondit sèchement, sortit au bout d'un instant, et partit pour Paris le lendemain.

» Il s'y jeta dans la vie d'artiste, y mangea son avoir (l'héritage de sa mère), demanda ensuite ma cousine en mariage, fut refusé et perdu de vue entièrement par ma famille.

» Quant à moi, l'incident n'avait nullement troublé mon repos. Je me laissais toujours de bonne grâce plaisanter sur mon amitié mystérieuse pour Alban Gerbier. Cette amitié n'existait ni dans son cœur ni dans le mien; je pouvais donc en rire.

» Je passai trois ans en Touraine, et, sur ces trois ans, deux hivers de trois mois à Paris. Je vis donc réellement le monde, et je dois dire que je ne le pris point en haine comme je m'y étais attendue. Je ne m'y jetais pas tout entière, comme mes cousines; je n'allais pas au bal, et, en fait de spectacles, j'allais seulement aux Italiens. Je sortais peu; j'étais souffrante fort souvent. La vie de Paris, et même celle de la campagne en Touraine, ne convenaient pas à ma santé. J'avais été élevée en montagnarde, assez pauvrement, et ce rude exercice, auquel nous sommes forcés ici, faute de chemins et de voitures, avait servi à me préserver des effets d'une constitution délicate. La vie en carrosse, comme je l'appelais, dans un air moins vif et moins pur que celui d'ici, me rendit si chétive que l'on craignit pour ma poitrine. Je contractai un aspect cacochyme, et j'y gagnai de ne prendre du monde et des plaisirs que ce qu'il me plaisait d'en prendre.

» J'aimais les relations douces, amicales, et je dois, je peux le dire, la conversation des hommes distingués. Je ne m'y mêlais guère, je n'étais pas de force; mais j'écoutais et j'apprenais à penser et à raisonner. D'ailleurs, je me sentais plus à l'aise avec eux qu'avec les femmes. Celles-ci affectaient trop de me plaindre, et je n'avais pas besoin de cette continuelle pitié, moi qui prenais si bien mon parti d'avoir un rôle à part dans la vie, et de ne rivaliser sur aucun point avec elles. Les hommes me paraissaient et m'ont toujours paru plus indulgents ou plus délicats dans leur compassion. Du moment qu'on ne leur demande que de l'estime et de la sympathie sans avoir la moindre idée de leur plaire, ils portent, dans ce genre de relations, une franchise et un sentiment de véritable protection que l'on ne rencontre pas toujours chez les femmes.

» Cependant, quand j'eus atteint ma majorité, je pris, brusquement en apparence, le parti de revenir dans ma province et de m'ensevelir dans la retraite. Ce fut une grande surprise pour ma tante, car je venais d'hériter d'un vieux parrain qui m'avait prise en affection et qui me laissait trente mille livres de rente en biens-fonds. Dès lors, j'étais très-mariable, je n'étais plus *boscotte*, j'avais même une figure agréable, et les partis se présentaient. Je n'avais qu'à choisir.

» Mais j'avais fait mes réflexions durant ces trois années. J'avais pris assez d'expérience et de jugement pour comprendre que, si je n'avais plu à personne dans ma pauvreté, je ne pouvais avoir acquis, par le fait d'un testament imprévu, le don de charmer les yeux. J'avais assez de la vie oisive et facile; ma santé s'y perdait, et mon âme n'y trouvait qu'un sentiment sans grandeur et sans vrai profit. J'étais restée, sans qu'il y parût beaucoup, aussi pieuse que ma mère m'avait faite; j'avais besoin d'enthousiasme et de dévouement. Les circonstances et le commerce du monde avaient retardé, mais non attiédi l'élan de ma foi. Riche, j'avais d'ailleurs des devoirs nouveaux. Je voulais me consacrer au soulagement des malheureux, et particulièrement à l'éducation des enfants pauvres : j'adore les enfants! Je devais, je voulus servir de mère à des orphelins.

» Il y eut un grand combat dans ma famille pour me retenir. Je ne cédai point. Je vins ici revoir ces lieux tout parfumés du souvenir de ma mère; puis je m'occupai de la fondation de l'établissement que je dirige, et, jusqu'à ce jour, j'y ai donné tous mes soins... »

— Et vous y avez trouvé le bonheur? dit Narcisse à mademoiselle d'Estorade, en interrompant, malgré lui, ma lecture.

— Le bonheur, n'est-ce pas ce que je cherchais? répondit-elle avec douceur et tranquillité. Il s'agissait, non pas de me satisfaire, mais de *m'utiliser*.

Elle me fit signe de poursuivre, mais en se détournant un peu, comme si ce qui allait suivre eût dû lui causer quelque confusion.

Je repris son récit:

« Je menais depuis six ans cette vie régulière, sans vouloir m'asservir à la profession religieuse, et sans vouloir même y songer avant l'âge que ma mère avait fixé pour ma liberté sur ce point, lorsque, l'année dernière, comme j'étais venue à Estorade pour renouveler le bail de mes vieux fermiers, je fus surprise par une rencontre imprévue.

» La soirée s'avançait, et j'étais seule au château, dans ma chambre, perdue dans la contemplation d'un beau ciel d'orage. Le tonnerre grondait et la pluie commençait à tomber, lorsque j'entendis une admirable voix d'homme chanter, sous le balcon, le passage du *Comte Ory:*

> Dame de beauté,
> Donnez-nous de grâce
> L'hospitalité!

» J'ai toujours été enjouée, jamais prude, et, sans songer à reconnaître la voix d'Alban Gerbier, après huit ou neuf ans d'oubli complet, je me mis à rire, en me penchant sur le balcon, pour faire voir au chanteur imprudent la figure et la taille de celle qu'il appelait *dame de beauté.*

» Il trouva alors dans sa mémoire ou il improvisa un

autre fragment musical pour me dire qu'il s'était égaré à la promenade, que la nuit s'annonçait bien mauvaise, et qu'il demandait un abri. Je lui envoyai le père Bondois, mon portier à la ville, mon écuyer à la campagne. On le conduisit chez le fermier, qui l'hébergea, et où il apprit qui j'étais, car nous ne nous étions reconnus ni l'un ni l'autre.

» Je ne le vis pas avant le lendemain matin. Il demanda à me parler au moment où je remontais en voiture pour retourner à mon couvent.

» Il se nomma et me fit connaître sa position précaire, que j'ignorais entièrement. Il s'appelait depuis longtemps Albany, il avait eu quelques succès dans les grandes villes et même à Paris; mais il n'avait, en somme, rencontré que fort peu la gloire, et pas du tout la fortune. Je le plaignis et l'exhortai à retourner auprès de son père. Il me promit de le faire, sinon avec la résolution de renoncer à la vie d'artiste, du moins avec la ferme intention, disait-il, de reconquérir l'affection qu'il avait froissée. Mais, pour effectuer ce projet, il lui fallait passer quelques jours à la Faille pour remplir l'engagement d'y chanter, et avoir de quoi faire le voyage de Touraine.

» Je lui offris de lui prêter la somme nécessaire. Il refusa avec sa hauteur accoutumée.

» — Dès lors, lui dis-je, notre entrevue était inutile. J'ai choisi une position qui me fait un devoir d'obliger tous ceux qui réclament mon dévouement, et même d'aller au-devant des besoins de ceux qui, comme vous, sont trop fiers pour le réclamer. Si je ne puis rien pour vous, permettez que je vous quitte : mon temps ne m'appartient pas.

» Je fus un mois sans le revoir et sans entendre parler de lui, bien qu'il chantât au théâtre de la ville, et que les répétitions des chœurs d'opéra vinssent quelquefois se mêler, comme un bizarre et infidèle écho, aux chants de nos religieuses dans la chapelle.

» Un matin, je reçus la visite du docteur Fourchois. C'est un très-excellent homme, peu riche, qui s'adresse souvent à moi pour ses malades indigents. Je le connais depuis mon enfance. Cette fois, il me demandait des secours pour un pauvre chanteur que la troupe de passage avait été forcée de laisser à la Faille, où il avait été pris d'une fluxion de poitrine assez grave. Ce jeune homme laborieux, mais imprévoyant, manquait de tout, et, grâce à la méfiance des bourgeois et des artisans de petite ville pour tout ce qui s'intitule *artiste*, il était littéralement abandonné, presque mourant, sur un grabat.

» Je lui envoyai une garde, des médicaments, du linge, enfin tout ce qui lui était nécessaire, en priant toutefois le docteur de n'en rien dire. Que de lazzis n'eût-on pas faits dans la ville, en apprenant qu'une abbesse (on s'amuse à m'appeler ainsi quelquefois) s'occupait de secourir et de faire soigner un comédien !

» Le docteur fut discret; mais Albany se préoccupa beaucoup, lorsqu'il fut guéri, d'une petite somme que j'avais fait glisser dans son tiroir, pour le mettre à même de retourner chez ses parents, et il arracha au docteur l'aveu de la part que j'avais prise à sa situation. Il me fit demander alors la permission de venir me remercier et de me signer un billet avant son départ. J'espérais lui être utile en le maintenant dans ses bonnes résolutions, et je le reçus au parloir.

» Il était si changé et si faible encore, qu'il me fit peine. Il se montra plus reconnaissant de mes services qu'il n'était nécessaire, surtout envers moi, dont le devoir est d'agir comme je fais, et qui ne lui avais témoigné rien de particulier dans mon intérêt pour sa détresse. Il fut plus expansif et plus affectueux que je ne l'avais connu autrefois. Son esprit avait beaucoup gagné, et, bien qu'il n'eût pas dû voir toujours très-bonne compagnie dans sa vie errante, ses bonnes manières n'avaient rien perdu. Assez pauvrement habillé et les traits ravagés par la fièvre, il était toujours, ou du moins je croyais retrouver en lui l'élégant rêveur et le *beau mélancolique* d'autrefois.

» Il me remercia avec une certaine effusion; il avait vu de près une mort affreuse, la mort au sein de la misère et de l'abandon. Sa fierté était ébranlée. Il écouta mes remontrances, il me jura d'aller implorer le pardon de son père, et me demanda la permission de m'écrire pour me faire part et me bénir encore du bonheur que, grâce à moi, disait-il, il allait enfin trouver dans l'accomplissement de ses devoirs et la tendresse de sa famille. Il voulait aussi, dès qu'il serait chez lui, me renvoyer l'argent que je lui prêtais. Je dus y consentir pour ne pas froisser sa délicatesse.

» Au bout d'un mois, je reçus de lui une lettre datée de Toulouse. Il avait été forcé, disait-il, d'y aller chanter pour satisfaire à une dette d'honneur qu'il n'avait pas voulu m'avouer, dans la crainte que je ne voulusse la payer. Il comptait partir pour la Touraine au mois de janvier.

» Je ne crus pas devoir lui répondre. Je me méfiais de sa parole. Je croyais qu'il ne cherchait que des prétextes pour y manquer.

» Il m'écrivit, au 1er janvier, qu'il partait le lendemain. Sa lettre était pleine d'affection, de gratitude et de tous les meilleurs sentiments. Il faisait un retour sur le passé pour me rappeler la sympathie que l'on nous attribuait autrefois l'un pour l'autre, et qui, de sa part, était vive et sincère. « Vous avez peut-être, à cette époque, » disait-il, » trouvé mon brusque départ peu affectueux. C'est la » faute de votre tante, qui me reprochait de prétendre à » vous plaire. Hélas! je ne visais pas si haut! Je savais » fort bien que vous formiez dès lors l'unique vœu de » vous retirer du monde, comme vous l'avez fait depuis. » Votre caractère me semblait tellement supérieur à tout » ce qui vous entourait et à moi-même, que j'eusse à » peine osé aspirer à une amitié fraternelle. Est-il trop » tard pour que j'y aspire encore? Mes erreurs et mes » fautes m'en ont-elles rendu indigne? Le ciel sait pour- » tant que je n'ai rien à me reprocher contre l'honneur, » et que j'ai été aux prises avec des circonstances aux- » quelles peu de consciences résistent. Je suis un homme » éprouvé, et j'ose dire invulnérable. Rendez-moi donc » cette confiance et cette estime que vous m'accordiez » autrefois. Donnez-moi de vos nouvelles, ou, si c'est trop » de bonheur et de consolation pour moi, lisez du moins » mes lettres. Ce sont celles d'un homme qui n'oubliera » jamais l'attachement et le respect qu'il vous doit. »

» Il m'écrivit d'autres lettres sur ce ton; mais, plutôt que de les transcrire par fragments, j'en mettrai l'original sous les yeux des personnes qui doivent me lire... »

— Dois-je en donner lecture? demandai-je à mademoiselle d'Estorade.

— Non, dit-elle en se levant; ce serait vous fatiguer inutilement pour moi qui les ai lues et relues. Veuillez les lire des yeux avec M. Pardoux; je désire que vous vous formiez une opinion sur celui qui les a écrites, et que vous ne l'accusiez pas d'avoir voulu exploiter mon cœur et ma bourse, car cela n'est pas.

Elle s'éloigna un peu de nous et alla s'asseoir dans les rochers, au-dessus de la prairie, mais sans nous perdre de vue.

Je lus avec Narcisse les lettres d'Albany.

Elles étaient d'un esprit cultivé et d'un homme intelligent. Le ton de familiarité amicale qu'il y prenait parfois eût pu sembler déplacé envers une personne qui, de son propre aveu, ne lui avait répondu que avec beaucoup de mesure et de retenue; mais l'enthousiasme de respect et de vénération qu'il affichait pour *sa bonne sainte, son ange gardien, sa douce madone*, était un correctif dont mademoiselle d'Estorade avait pu ne pas se défier. Il avait écrit une douzaine de ces lettres singulières, dont le but n'était pas facile à pénétrer. Il y en avait d'assez éloquentes, toutes étaient spirituelles, tantôt enjouées, tantôt mélancoliques. La dernière était triste et attestait, par certains airs de reproche, que mademoiselle d'Estorade ne s'intéressait à lui que comme une sœur de charité à un malade.

Le caractère que je lui avais attribué en causant avec lui se révélait clairement dans ces lettres. Un orgueil déplacé, exagéré, lui faisait, à chaque pas, perdre le bon chemin. Il s'en allait à reculons dans sa carrière, se plaignant de tout le monde, dénigrant toutes les occasions qu'il avait manquées, et ne voyant rien qui fût digne de lui ou de ses regrets. Mille projets vagues et fantasques se croisaient dans sa cervelle. Il se croyait certain de passionner l'Italie; mais le goût était perdu en Italie, et il craignait de s'y amoindrir. Il avait des velléités de fortune immense en Amérique; mais les Américains étaient incapables d'apprécier un artiste qui ne voulait pas faire de *puffs* et de réclames, et il reculait devant la nécessité de se mettre dans les mains d'un *exhibiteur*.

Il trouvait tous les projets admirables au premier abord, et annonçait des combinaisons excellentes qui se changeaient en déceptions avant le moindre commencement d'exécution. Il démolissait alors avec beaucoup d'esprit et de jugement l'édifice que ses illusions avaient élevé avec enthousiasme. Mais, à force d'ébaucher et d'effacer le tableau de son avenir, il restait devant une toile blanche. Ces réflexions qu'il recommençait à faire, après les avoir ressassées pendant dix ans, avaient pu paraître nouvelles à mademoiselle d'Estorade. Pour moi, elles me semblèrent de tristes redites d'un thème usé. La vie de ce jeune homme était manquée. Il était trop tard pour qu'il s'arrachât à cette habitude de courir la bohème, dont il parlait avec mépris comme d'un pis aller où le rejetaient l'injustice et l'ignorance d'autrui, mais où, pour son malheur, il se plaisait à son propre insu, par la seule raison qu'il s'y trouvait dans des conditions où il pouvait primer son entourage. C'est là le secret de beaucoup d'existences d'artistes de province, et ce serait, en somme, un assez bon secret, s'ils en prenaient bravement leur parti; mais bien peu le prennent et acceptent sans aigreur une position secondaire. Presque tous se disent et se croient *méconnus*. Malgré tout son esprit, Albany ne faisait point exception et donnait en plein dans ce travers ridicule.

La plupart des lettres que nous lisions avaient été écrites chez son frère, en Touraine. Il racontait y avoir été accueilli avec douceur et bonté. Mais on n'avait pas tué le veau gras pour son retour. On s'était également abstenu de transports de joie et de reproches inutiles. Il s'était laissé conseiller d'abandonner l'art et de se faire une petite position industrielle ou administrative; mais il n'avait voulu s'engager à rien, et il parlait de sa famille en termes convenables, il est vrai, mais avec un fond de tristesse qui frisait l'amertume et le dépit. S'il n'était rien et ne savait rien être, c'était toujours parce que les autres ne l'avaient pas assez aidé. Du reste, il montrait de la délicatesse, et s'irritait presque des nouvelles offres de service que paraissait lui avoir faites mademoiselle d'Estorade.

— Qu'est-ce que tout cela? me dit Narcisse quand nous eûmes fini de lire. Je vois bien que ce garçon est un douillet qui craint d'écorcher ses mains blanches au travail utile. Je le savais de reste! Mais pourquoi, lui qui n'aime que lui-même, qui ne demande aux femmes que du plaisir, aux hommes que des applaudissements, qui, enfin, n'a jamais connu ni l'amitié ni l'amour, fait-il un si grand étalage de sentiments tendres et honnêtes pour mademoiselle d'Estorade? Ce n'est pas de la vraie reconnaissance; il est ingrat comme trente chats; je le sais, moi qui l'ai obligé maintes fois! Est-ce un calcul pour l'avenir? Veut-il lui montrer du désintéressement et de l'orgueil, pour mieux la plumer ensuite?

— Ce serait possible, répondis-je; pourtant, je ne le crois pas, et vous-même, vous n'avez rien de trop sérieux à lui reprocher?

— C'est vrai! Eh bien, alors?

— Eh bien, alors, ou il est amoureux de sa bienfaitrice, ou il y a, dans un coin de ce cœur sec, une certaine faculté de comprendre et de chérir une nature d'élite. Peut-être encore l'orgueil d'inspirer de l'intérêt à une personne si haut placée dans l'estime publique y trouve-t-il son compte. Il n'a pas été gâté, probablement de ce côté-là, depuis dix ans de mauvaise compagnie!

— Bah! bah! dit Narcisse repoussant les lettres avec humeur, il songe à l'épouser, et, quand il vous a dit qu'elle était trop horrible, il cachait son jeu! Je gage que sa fortune le tente, et que...

— Attendez, mon ami, lui dis-je, nous allons peut-être savoir à quoi nous en tenir; voici mademoiselle d'Estorade qui revient vers nous.

V

Elle revint, en effet, et, reprenant son manuscrit, qui n'était pas terminé, elle nous dit:

— Le temps et le courage m'ont manqué pour écrire le reste; je vais tâcher de vous le raconter.

— Eh bien, non, répondit Narcisse, il ne le faut pas. Cela me fait souffrir de vous voir devant nous comme à confesse. Nous ne sommes pas des curés, mordieu! Vos secrets sont à vous. Répondez seulement à une question, demoiselle, et croyez que, si je me la permets, c'est parce que j'ai peur pour vous, et que... et que, ma foi! je me souviens de l'amitié qu'il y avait autrefois entre nous! Cela me ferait de la peine de vous voir malheureuse, et je crois que vous le serez diablement... Pardon! je veux dire beaucoup, si...

— Achevez, Narcisse; que supposez-vous? que me demandez-vous?

— Je suppose que... tant pis! Je vous demande si vous pensez à épouser ce monsieur?

— L'épouser, moi? y songez-vous? s'écria mademoiselle d'Estorade, surprise et troublée.

— Dame! reprit Narcisse embarrassé, une fille comme vous... je veux dire une demoiselle de votre rang, avec tant de religion et d'honneur, ne peut pas voir autrement dans ces choses-là!

— Ces choses-là? reprit en rougissant mademoiselle d'Estorade; vous croyez que j'ai de l'amour pour Albany?

— Dame! pardonnez-moi. Si vous n'en avez point, c'est tant mieux; mais vous paraissiez convenir hier...

— Hier, j'étais folle. Je me suis crue coupable en me voyant dévoilée... Coupable! non, je ne le suis pas comme vous croyez... Pourtant, je devrais l'être beaucoup à mes propres yeux! Tenez, tenez, il faut que je vous dise tout; ne m'en empêchez pas, je m'en sens le courage aujourd'hui. Demain, je ne l'aurais peut-être plus.

» Quand Albany m'eut écrit la dernière de ces lettres, il arriva tout à coup à la Faille avec une troupe chantante, il y a de cela six semaines. Je refusai de le recevoir. J'avais espéré qu'il renoncerait à sa mauvaise vie; je ne croyais pas à la déférence d'un homme qui se jouait ainsi de ses bonnes résolutions, et qui demandait les conseils de l'amitié pour ne pas les suivre. Dans ma vie oisive, au point de vue de la personnalité, j'avais, j'en conviens, subi une sorte de charme et goûté un plaisir qui ressemblait, si j'ose ainsi parler, à un amusement sérieux, en recevant ses lettres.

» Nous autres recluses, nous ne savons rien du cœur humain, et, quand nous avons passé dix ans à oublier la vie de relations et à nous sentir étrangères à la société, nous n'avons guère sujet, convenez-en, de nous méfier de nous-mêmes. On nous représente toujours comme des âmes en peine, dévorées de regrets, d'ennuis, de rêves funestes. Je crois bien que le cloître a caché des larmes, étouffé des victimes; mais ces temps ne sont plus. On ne force plus personne à s'immoler, on ne sacrifie plus les filles pour établir leurs frères. Les lois ne ratifient plus les vœux éternels. Toute religieuse qui regrette sa liberté peut invoquer le droit inaliénable et retourner au monde, à la société, à la famille.

» Pour moi qui n'avais pas pris d'engagements, même temporaires, je n'avais aucun sujet de m'exalter, et vous avez vu que mon caractère et mes habitudes d'esprit ne m'y portaient pas. Je n'éprouvais aucun ennui: je n'en avais pas le temps. Ce n'est donc pas un besoin d'aimer une personne infortunée plus qu'une autre qui m'intéressait à Albany. Mais, dans ce hasard qui nous avait rapprochés, et dans cette confiance que j'avais peut-être acquis le droit d'avoir en moi-même, je n'ai pas songé à me défendre d'un certain attrait que son éloquence, son esprit et ses talents m'avaient inspiré. Je faisais plus de cas d'une âme si bien douée que de celle du premier venu et, si j'avais pu la ramener de ses erreurs et la rendre à Dieu et à ses devoirs, j'aurais été contente et un peu glorieuse peut-être.

» J'eus donc quelque tristesse de le voir retombé si bas, car le docteur Fourchois, en m'apprenant ses nouveaux succès sur le petit théâtre de notre ville, m'apprit qu'il était plus que jamais livré au désordre et à la folie; qu'il passait sa vie à jouer et à se moquer de tout; enfin, qu'il vivait maritalement avec une actrice sans l'aimer, sans la protéger et sans s'abstenir d'autres intrigues plus fâcheuses encore. Tout cela me fit du mal et me causa une grande honte. Je rougissais d'avoir cru à quelque chose de bon dans cette malheureuse nature. Je priais pour elle et ne sentais pas l'espoir d'être exaucée. Enfin, j'éprouvais une peine singulière, et je désirais de ne plus entendre jamais parler de lui.

» Il fit alors tout au monde pour me voir, malgré moi. Il se présenta dix fois au couvent, et deux soirs de suite, à minuit, je l'entendis chanter sous la terrasse de notre enclos. Il y revint, dans le jour, comme par hasard. Il prodiguait là, en plein air, les plus doux trésors de sa belle voix, au risque de la perdre. Mes religieuses étaient ravies de l'entendre, et voulaient m'emmener au jardin pour l'écouter de plus près. Je m'y refusai. Il m'écrivit des billets fort exaltés; je ne répondis pas. Je pensais le décourager : je voulais que tout fût fini entre nous.

» Il y a trois jours, une circonstance puérile détruisit le fruit de ma prudence et de ma volonté. Une fauvette avait son nid dans le jasmin de ma fenêtre. Je protégeais la petite couvée, je m'y intéressais. Un coup de vent d'orage dérangea le nid, et un des petits tomba de branche en branche, jusqu'à terre, sans se faire de mal. Je courus pour le ramasser, mais ses petites ailes le portaient déjà. Il se sauva sur un arbre, tomba encore, se releva et franchit le mur qui sépare notre jardin du petit enclos que vous me réclamiez hier, et que je suis prête, maintenant, Narcisse, à vous abandonner.

— Merci, demoiselle! dit Narcisse, mais j'y tiens comme à un fétu. Donc, le petit fauveteau?...

— M'inquiétait d'autant plus, dit mademoiselle d'Estorade en souriant à travers un certain malaise, que votre jardin est fréquenté par des chats qui font un grand vacarme toute la nuit. Je courus chercher la clef de cette fatale porte que je n'aurais jamais dû franchir, et je ne retrouvai pas le fugitif, mais bien Albany, qui se promenait tranquillement chez vous, fumant un cigare et gesticulant un rôle tout le long de l'allée qui suit la palissade.

» Je me retirai sans paraître le voir; mais il m'avait vue, lui. Il s'élança et faillit briser le treillage pour me retenir; et, comme je ne voulais pas qu'il portât la main sur moi, et que, d'ailleurs, fuir devant lui me paraissait d'une bégueule ridicule, je lui parlai pour lui dire que je ne voulais plus avoir aucune relation avec lui. Je lui montrai même un mécontentement assez sec de l'insistance qu'il mettait à se faire admettre à mon parloir malgré ma défense, et à se soucier des propos ridicules qui pourraient en résulter pour lui comme pour moi.

» Il s'accusa et me témoigna un repentir violent. Si je lui retirais mon amitié ou du moins ma pitié, il était perdu. Il ne lui restait plus personne au monde. Il était de nouveau brouillé avec sa famille. Son père, ne pouvant l'amener à ses fins, l'avait, disait-il, chassé, presque maudit. Il parlait même de se tuer, tant il était malheureux, isolé sur la terre, découragé de la vie.

» Je l'engageai alors à s'expliquer tout de suite et en peu de mots. Cela lui était impossible. Il avait des aveux embarrassants à faire. Je n'osais rester un instant de plus dans ce jardin où l'on pouvait nous surprendre. Je ne sus pas lui refuser de l'entendre, mais je l'avertis que ce serait la dernière fois. Il s'engagea à ne plus jamais m'importuner, si, après l'avoir écouté, je le jugeais incapable de réhabilitation. Mais, comme je ne pouvais le recevoir au couvent, après l'espèce de petit scandale qu'il avait fait à la porte, et dont mes religieuses s'étaient alarmées, je promis de revenir dans ce même jardin où nous venions de nous rencontrer, pourvu que ce fût à une

heure où personne n'avait l'habitude d'y entrer. Il prétendait connaître parfaitement les habitudes de cette localité. Il la voyait, disait-il, à toute heure, en se balançant avec une corde de gymnastique, le long d'un pilastre qui fermait de ce côté la tonnelle des comédiens. Il savait que personne n'y entrait la nuit. Je refusai d'y venir la nuit. Il me proposa le matin, m'assurant que, d'ailleurs, en m'asseyant sur des planches qui se trouvaient là derrière le chèvrefeuille, je ne pouvais être vue de personne.

» Je trouvai tout cela romanesque et ridicule; je m'y refusai. Il me menaça alors sérieusement de se tuer si je n'écoutais le secret qu'il avait à me confier et d'où dépendaient son honneur et sa vie. Je cédai à regret, craignant que ma démarche ne fût ébruitée et mal interprétée. Il parut y vouloir mettre beaucoup de prudence et, m'avouant qu'une personne jalouse surveillait ses démarches, il me pria de faire prendre, le soir, dans ce même chèvrefeuille qui nous séparait, un avis qu'il me donnerait de l'heure précise où il serait sûr de n'être suivi ni observé.

» Vous savez le reste. J'eus l'imprudence de faire prendre le billet par Bondois, et, quand je l'eus entre les mains, je rougis de voir que j'acceptais le rendez-vous d'un homme de mauvaise vie, et je résolus de ne pas m'y rendre.

» Pourtant, je m'y suis rendue, et là est ma vraie faute, ma vraie honte. J'ai risqué une démarche innocente, il est vrai, mais qui pouvait compromettre ma réputation, une réputation dont je dois compte à Dieu, puisque je me suis, sinon enchaînée par des vœux, du moins consacrée, par une longue pratique, à son service exclusif.

» L'entretien que vous avez entendu, en partie, roula uniquement sur mademoiselle Julia. Albany avait été mis en prison pour dettes aussitôt après son départ de Touraine. Cette actrice, éprise de lui, l'avait sauvé à son insu. Il m'avait attribué ce mystérieux bienfait. Il avait supposé qu'instruite de ses disgrâces, j'avais satisfait le créancier qui l'avait fait incarcérer. Il venait de découvrir, en arrivant à la Faille avec Julia, que le bienfait venait d'elle. Le sachant orgueilleux, elle le lui avait caché jusque-là; mais, dans un accès de fureur jalouse, elle le lui avait reproché dans des termes insoutenables, avouant le moyen honteux dont elle s'était servi pour obtenir d'un autre homme, qu'elle haïssait, l'argent nécessaire pour sauver son amant, et voulant que celui-ci admirât l'excès de sa passion pour lui. Albany était tellement désespéré de cette humiliation, qu'il avait engagé trois ans de son avenir pour aller chanter à Nantes, après avoir refusé des conditions désagréables dans cette ville. Il allait partir, mais on refusait, à Nantes, de lui faire l'avance d'une année, et il s'était résolu à accepter enfin mes offres de service, aimant mieux devoir à une amie sérieuse qu'à une folle et coupable maîtresse.

» Je le remerciai d'avoir en moi cette confiance, et je promis que la somme nécessaire lui serait remise dès le lendemain. En même temps, je l'exhortai encore à changer de vie, à rompre avec cette Julia, ou à la prendre au sérieux, afin de la convertir. Il repoussa l'idée de la supporter un jour de plus, et me remercia ardemment d'avoir sauvé son honneur. Voilà, mot à mot, toute l'histoire de nos relations, et le billet que j'ai reçu de lui, hier au soir, en est la preuve :

« Me voici acquitté jusqu'au dernier centime! Ah! vous êtes mon bon ange! Je pars ce soir, après la représentation de *Fra Diavolo*. Vous seule en êtes instruite.

A vous seule, je dirai où je suis ; car je ne veux pas que cette *malheureuse* essaye de me suivre, et je laisserai passer les quelques semaines que j'ai à courir avant d'aller à Nantes, sans paraître devant le public. Je saura bien ainsi dépister cette créature. Adieu, je vous vénère et vous adore! Ne vous offensez pas de ce mot. N'exprime-t-il pas le respect le plus profond et le plus fervent de votre humble et reconnaissant obligé?

» ALBANY. »

— Sans doute, sans doute, dit Narcisse, vous êtes une sainte! c'est là vérité! mais, en attendant, cet homme, qui n'a fait que des sottises et des débauches, vous lâche là, sans façon, un mot que personne de vos parents ou de vos vrais amis n'oserait vous dire. Demoiselle, demoiselle! il faudrait rompre avec toutes ces écritures-là, ou bien ça mènera votre tête ou votre cœur plus loin que vous ne pensez!

Mademoiselle d'Estorade rougit beaucoup et parut faire un grand effort pour ne pas se montrer blessée d'une admonestation si franche. Je crus devoir prendre la parole, car elle m'avait regardé involontairement, et son regard semblait me dire : « Vous qui paraissez avoir l'usage et l'expérience du monde, ne protesterez-vous pas pour moi contre un pareil doute? »

Mais, au lieu de la repousser, j'avouai nettement que je le partageais.

— Vous avez daigné demander un bon conseil, lui dis-je, et Narcisse vous le donne avec une rudesse qui est un hommage de plus à votre caractère. Ce caractère est si exceptionnel et si supérieur, qu'il ne s'offensera pas du dévouement et de l'intérêt qu'il inspire. Narcisse vous a dit que vous n'étiez pas ici à confesse, et vous avez répondu : « Je dois, je veux me confesser. » Vous l'avez fait. Votre confession est une justification, nous l'avons très-bien compris. De quoi pouviez-vous, en effet, vous accuser? De trop de charité chrétienne et de bonté compatissante? A une pénitente comme vous, nous ne pouvons que dire : « Priez pour que nous soyons coupables comme vous! » Mais l'affaire ainsi jugée et enterrée quant au passé, permettez-nous de songer au chapitre de l'avenir... A moins pourtant que votre confiance ne s'arrête au fait accompli, et que vous ne nous jugiez indignes de vous comprendre et incapables de vous servir. Quant à moi, vous ne me connaissez pas et pouvez m'imposer silence, mais non me forcer à penser autrement que votre fidèle et véritable ami, M. Pardoux.

— Parlez donc! reprit-elle; dites tout ce que vous pensez; j'ai tort d'hésiter à l'entendre. C'est de l'orgueil, je le sens! Parlez et ne me ménagez pas! Vous trouvez qu'un sentiment de compassion m'a entraînée trop loin?

— Non, certes, non, si tout est fini entre Albany et vous. Oui, assurément, oui, si cette liaison doit continuer.

— Je suis bien décidée à ne pas le revoir; j'y courrais le risque d'être décriée. Mais, en dehors de ce danger, je ne vois pas où serait le crime de recevoir ses lettres.

— Et d'y répondre? s'écria Narcisse, tout à fait enhardi par la vivacité de sa sollicitude. Oh! convenez-en, demoiselle, vous avez dans l'idée de lui répondre encore!

— Pourquoi non?

— Vous y tenez donc bien?

— Pas tant que vous croyez, Narcisse. Je vous demande seulement de me dire où serait l'inconvénient.

— Vous êtes donc bien sûre de lui? D'où vous vient cette confiance? Sur quoi est-elle fondée? Sur ses bonnes mœurs, sur son caractère irréprochable? Voyons! dites

demoiselle! Pourquoi êtes-vous sûre de cet homme-là, tandis que vous vous méfiez de tous les autres?

— Moi, je me méfie de tous les autres?

— Oui, puisque vous vous renfermez depuis si long-temps!

— Je vous ai dit pourquoi je mène cette vie; vous avez bien vu que ce n'étaient ni la haine du monde ni le mépris du genre humain qui m'y avaient portée. Je ne suis pas méfiante... je n'ai pas le droit de l'être!

— Pourquoi donc n'en avez-vous pas le droit? Je ne comprends pas cette parole-là!

— Elle signifie que, n'étant plus jeune et n'ayant jamais été belle, je ne pourrais pas, sans sottise, me persuader que je suis exposée à ce que les autres femmes appellent des dangers. Je ne les connais pas, moi, ces dangers-là! Ils n'ont pas de sens dans mon esprit. On m'a souvent fait entendre que j'étais bien à plaindre d'être ainsi posée dans la vie; et moi, je ne me suis jamais désolée de mon sort. Il a ses avantages, et je les réclame. Voyons, n'est-ce pas une véritable force que de se sentir, je ne veux pas dire au-dessus, mais en dehors des passions humaines? Ne dois-je pas jouir de l'impunité attachée à ma disgrâce? Ne suis-je pas une sœur de charité, une infirmière, au moral et au physique? Si j'ai le devoir de ne pas détourner la tête devant les plaies et la corruption, n'ai-je pas aussi le droit de dire : « Rien ne peut me souiller, et ma robe d'innocence est si bien tissue, qu'il n'appartient à aucune fange de s'y attacher? » Aux autres femmes la pudeur farouche et l'horreur des cadavres; à moi le courage de voir tous les maux, de panser toutes les blessures, d'assister toutes les agonies! Savez-vous pourquoi, en dépit de mes inclinations austères, je ne me suis pas arrêtée au projet d'être tout à fait religieuse? C'est parce que la tâche du cloître m'a semblé trop restreinte, et qu'en dehors de ce petit cercle de dévouements journaliers, où l'on tourne toujours sur soi-même, je voyais, dans la liberté, une suite de dévouements imprévus dont la limite n'était pas posée à mon aspiration. Ne comprenez-vous pas que j'étouffe parfois dans le cloître, où, je l'ai reconnu peu à peu, l'on ne rend véritablement service qu'*aux siens*, c'est-à-dire aux gens qui pensent comme vous? C'est un sanctuaire où les dévots affluent, et dont les impies n'osent approcher; et, pourtant, les croyants n'ont pas réellement besoin de nous; ce sont les désespérés qu'il faudrait sauver. Laissez-moi donc essayer de sauver Albany, et ne dites pas que je me fie à lui. Non, je ne m'y fie pas, et je sais que le mal me le dispute avec des armes plus fortes sur lui que les miennes. Est-ce une raison pour que je l'abandonne? Ne lui ai-je pas déjà fait quelque bien? Est-ce la coutume, d'ailleurs, de laisser sans secours et sans assistance morale les malades condamnés? Ne leur doit-on pas des consolations et des encouragements jusqu'à la dernière heure?

» Où donc est le danger pour moi, je vous prie? Vous craignez que je ne vienne à aimer trop cet homme? Que signifie *trop* pour un être comme moi? L'amour est-il possible à qui sait ne pouvoir l'inspirer? Cet être-là serait fou, qui se dirait : « J'aime, en vue de moi-même, un » être nécessairement et fatalement ingrat envers moi. » Non! non! je ne suis ni méfiante, ni confiante! Mon rôle est la neutralité absolue, l'*impersonnalité!* J'ai trouvé pour moi ce mot-là, et j'aime à me le répéter. Ne suis-je point ici, en dehors de toute convenance sociale, en rendez-vous avec vous deux? Toute autre femme que moi pourrait-elle y être avec cette tranquillité d'âme, et y parler, à cœur ouvert, de choses si délicates, sans éprouver de confusion et de crainte?

Mademoiselle d'Estorade parlait avec un grand abandon. Toute sa timidité avait disparu, et, bien qu'elle eût pu dire toutes ces choses avec une arrière-pensée de coquetterie, tant elle était idéale et d'un charme pénétrant dans ce moment-là, il y avait dans son exaltation une foi vive et aussi une bonne foi sincère. Elle m'inspirait un grand intérêt, mêlé d'un grand étonnement. Était-il possible que jamais l'espoir d'être aimée ne fût entré dans son cœur? Il le fallait bien, puisqu'elle était riche et célibataire à vingt-huit ans. Mais cette certitude de ne pouvoir inspirer l'amour fût-elle mieux fondée, s'ensuivrait-il rigoureusement qu'elle ne pût ressentir l'amour en dépit d'elle-même?

Ce dernier point était plus douteux, et je lui en exprimai la pensée avec toute la réserve possible. Narcisse enchérit sur ce doute avec sa rondeur ordinaire.

— Demoiselle, dit-il, moi, j'appelle les choses par leur nom, et ne sais point prendre le biais. Je ne sais pas si on peut, à nos âges, faire la croix comme vous la faites; mais je dis qu'une femme est toujours une femme, comme un homme est toujours un homme. Une femme a toujours besoin d'aimer un homme plus que tous les autres, surtout quand on est bonne et sage comme vous êtes. Eh bien, ce serait un grand malheur pour vous d'aimer Albany, qui est honnête, je le veux bien, mais qui ne peut être pour une femme qu'un tourment, jamais un soutien.

Bien que mademoiselle d'Estorade écoutât Narcisse avec bienveillance, je vis qu'il ne pouvait la persuader en lui parlant de ses propres intérêts. Cette âme dévouée trouvait probablement à satisfaire son penchant naturel dans l'idée de souffrir et de se tourmenter pour l'objet de son affection. Elle fut plus effrayée de ce que je lui dis de l'avilissement où une âme pure pouvait tomber en faisant alliance trop intime avec une existence souillée par le libertinage. Elle était fière et s'estimait elle-même, en dépit de son humilité chrétienne et de sa modestie exagérée.

— J'y penserai, me dit-elle en terminant l'entretien. Vous m'avez dit des choses sérieuses; je vous en remercie tous deux, et vous promets de les examiner attentivement.

— Il eût mieux valu, dit Narcisse, nous promettre de ne pas tant examiner, et de couper court à ce commerce de lettres. Je m'en irais plus content, si j'étais sûr que c'est fini! Mais je n'en suis pas sûr, et je m'en vais chagrin!

— Je vois que vous avez encore de l'amitié pour moi, répondit mademoiselle d'Estorade en lui tendant la main, et je vous en remercie. Ne soyez pas trop inquiet. Ce qui s'est passé entre nous m'a fait sentir que je devais à tout jamais supprimer les entrevues avec Albany, puisque je ne pourrais le voir ouvertement sans scandale, et secrètement sans descendre aux moyens de l'hypocrisie. Qu'eussé-je fait, qu'eussé-je dit, si, au lieu de vous, j'avais été observée par des gens sans délicatesse et sans générosité? Il m'eût fallu nier, mentir... m'avilir, par conséquent. Non, je ne le reverrai plus! Cela, je vous le jure, et vous devez compter sur ma parole!

— C'est toujours ça, dit Narcisse. Pour le reste, ma foi, si je savais parler au bon Dieu, je le prierais de vous rendre aveugle pour un temps!...

— Afin que je ne pusse ni lire ni écrire? Mais ne pourrais-je pas alors vous prier de me lire les lettres d'Albany et vous dicter mes réponses?

— Faites-le, demoiselle! Oh! je sais bien que l'honnêteté de la chose vous permet de tout confier à des amis! Mais je vous réponds, moi, pourtant, que je jetterais au feu les belles écritures de ce monsieur, et je lui répondrais, de votre part, d'aller à tous les diables!

On se sépara ainsi amicalement et gaiement, sans se promettre de chercher ou de saisir l'occasion de se revoir, et mademoiselle d'Estorade s'éloigna, sans que Narcisse eût su trouver un mot pour lui en témoigner le désir. Il demeura fort triste, et, comme je lui en demandais la cause:

— Ah! ces dévotes, répondit-il, ça n'aime réellement personne! Ça peut se mettre des rêvasseries en tête, mais ça ne tient pas aux bonnes amitiés. N'aurait-elle pas dû me dire d'aller quelquefois à son parloir, causer avec elle, ou bien que, quand je viendrais chasser par ici, et qu'elle se trouverait par hasard dans son château, elle ne serait pas fâchée de me rencontrer? Voyez l'indifférence! Elle a eu affaire avec nous, rien de plus; une affaire délicate, on peut dire! Eh bien, elle n'avait qu'une idée: se justifier et nous empêcher de mal penser d'elle. Et puis après, serviteur, je ne vous connais plus; en voilà encore pour une dizaine d'années.

— Narcisse, lui dis-je en voyant son émotion et son dépit, vous aimez mademoiselle d'Estorade!

— C'est absurde de dire ça, répondit-il en haussant les épaules. Je l'aime... pardié! oui, je l'aime comme vous voyez, comme je vous le dis, mais pas autrement. Vous êtes bien sûr à présent que ce n'est pas une femme; ça n'existe pas, ce pauvre petit être! C'est un souffle; on plaint ça! On pourrait prier ça comme une image... Et encore! se faire une grande idée de la sainteté... C'est des romans à froid, bons pour les Albany. Moi, je dis que les dévotes, ça ne vaut pas les mères de famille, et que ça fait le bien en vue de soi-même, sans rien aimer qui vaille en ce monde.

— Vous dites, repris-je, que mademoiselle d'Estorade n'est pas une femme? Moi, je la vois autrement. C'est une femme frêle qui n'aura jamais l'étoffe d'une matrone; mais c'est une figure qui s'empare de vous et qui nous reste dans l'imagination. On peut très-bien être amoureux de cette figure-là... et même de la personne. Tenez, n'est-ce pas elle qui s'en va, là-bas?

— Oui, oui, c'est elle, dit Narcisse, je la vois bien, allez! Elle prend le plus mauvais chemin pour ne pas s'en revenir avec nous.

Nous avions gravi les rochers qui nous entouraient, moi, sans m'en apercevoir, en causant avec Narcisse, qui marchait devant et obéissait instinctivement au besoin de suivre des yeux mademoiselle d'Estorade le plus longtemps possible. Elle descendait légèrement la déchirure d'un massif de roches très-âpres, et gagnait le lit d'un ruisseau qui faisait plusieurs angles avant de se jeter dans la Gouvre. Elle semblait voltiger plutôt que marcher sur les roches. On la sentait faible dans ses mouvements, et de courte haleine, mais adroite et souple, obéissant, sans y songer, à une habitude d'enfance, à une insouciance du danger, ou à une certitude d'en triompher.

— C'est bien cela, me dit Narcisse, à qui j'exprimais mon idée. Elle ne se méfie de rien. Elle croit ne pouvoir jamais tomber!

— Qui sait? répondis-je. Elle est si menue et si aérienne! A chaque instant, on dirait qu'elle va glisser;

car elle regarde à peine à ses pieds, et c'est peut-être son esprit qui marche à l'insu de son corps. Si elle tombe... ma foi, elle a peut-être des ailes qui s'ouvriront tout à coup pour la soutenir sur l'abîme.

— La voilà hors de danger, sans accident, reprit Narcisse en redescendant avec moi vers le lit de la Gouvre. Quant au précipice moral qu'elle affronte avec trop d'orgueil, selon moi, que Dieu vous entende !

Le soleil se couchait, et, à mesure que nous avancions vers notre point de départ, ses admirables reflets doraient plus chaudement toutes les masses de verdure et toutes les silhouettes des rochers. Cette suite de tableaux charmants qui se déroulaient devant nous dans le sens opposé à celui où nous les avions déjà vus, prenait des aspects féeriques, et, comme je m'extasiais à chaque pas, Narcisse me dit avec sa candeur habituelle :

— Vous trouvez donc vraiment que c'est beau, ces endroits-là ? J'en suis content, parce que, moi, je les ai toujours aimés. Je n'aurais pas osé dire que des ravins si sauvages et si abandonnés me plaisaient pour autre chose que pour les perdrix et les lièvres qu'on y trouve. Mais, quand j'ai de la fatigue et de l'ennui dans mon chien de métier, et que je vais m'asseoir tout seul, cinq ou six minutes, dans mon petit jardin de ville, je me mets toujours à penser à ce petit ravin tortillé de la Gouvre. Je ferme les yeux et je le vois. Croyez-moi si vous voulez, cela me donne de la fraîcheur dans tout le corps. Je me rappelle le temps où je courais là-dedans nu-pieds comme un petit paysan... et aussi le temps où je commençais à être grand garçon, et où j'y venais avec ma sœur et la grande Juliette, pêcher des écrevisses dans les ruisseaux qui descendent du talus et qui se perdent dans la rivière. Tenez, en voilà un où *elle* se plaisait à grimper au milieu de l'eau, car les roches y font comme un escalier naturel, et elle avait coutume de dire : « C'est *mon* ruisseau, c'est l'endroit que j'aime ! » Elle était comme vous, elle disait qu'il n'y avait rien de plus beau que les endroits sauvages et les chemins perdus.

Nous venions de dîner, Narcisse et moi, à la Folie-Pardoux, et nous songions à nous remettre en route ; car, à l'heure lucrative du soir, mon ami le cafetier n'abandonnait pas volontiers son établissement, lorsqu'une servante du château nous apporta un billet ainsi conçu :

« Mon cher monsieur Pardoux, ayez, avec votre ami, l'obligeance de venir tout de suite chez moi.

» JULIETTE D'ESTORADE. »

Cinq minutes après, nous entrions dans la cour délabrée du vieux manoir.

La servante qui nous avait remis le billet et qui nous conduisait dans les appartements avait l'air curieux des gens qui flairent un mystère, et cette physionomie intriguée nous avait empêchés, Narcisse et moi, d'échanger, durant le trajet, nos réflexions sur cet incident inattendu.

Nous trouvâmes mademoiselle d'Estorade très-agitée.

— Il m'arrive, dit-elle en venant à nous, une aventure plus désagréable que tout le reste, et je vous appelle à mon aide. Vous voyez si je vous traite en amis dévoués. Écoutez ! Il vient de me tomber sur les bras une demoiselle que j'ai refusé de recevoir. Mais elle s'obstine et dit qu'elle restera à la porte toute la nuit, s'il le faut, afin de me guetter au passage et de me dire, devant mes gens, ce qu'elle a à me dire.

— Et pourquoi refusez-vous ? dit Narcisse.

— Je ne refuse plus, j'hésite... Cette personne s'appelle Julia.

— Quelle Julia ? La chanteuse, la maîtresse d'Albany ?

— Précisément ; elle a décliné ses noms et qualités en demandant à me voir.

— Et elle attend à la porte ? Nous ne l'avons pas rencontrée !

— Voyant qu'elle s'obstinait, et ne voulant pas qu'elle fît d'esclandre, je l'ai fait introduire dans le salon en bas, en lui envoyant dire que j'étais en affaires, mais que je serais probablement libre dans un quart d'heure.

— Ah ! dit Narcisse, et vous allez recevoir cette princesse-là ?

— Je n'en sais rien. Je vous ai fait venir tous deux pour que vous me donniez conseil.

— Je crois, lui dis-je, qu'il faut recevoir cette demoiselle et savoir ce qu'elle veut.

— Ce qu'elle veut ! je m'en doute, moi, dit Narcisse. Albany a dû, comme il l'a écrit hier à la demoiselle, partir la nuit dernière, et mademoiselle Julia vient demander son adresse pour lui écrire ou le rejoindre.

— Demander son adresse, à moi ? s'écria mademoiselle d'Estorade.

— Dame ! vous seule pourriez la connaître.

— J'en conviens ; mais comment cette demoiselle peut-elle supposer que je connais M. Albany ?

— S'il le lui a dit !

— Il ne l'a jamais dit à personne ; à elle, certes, moins qu'à tout autre !

— Qui sait ? Écoutez-la, vous saurez à quoi vous en tenir.

— La recevoir !... Oui, il le faut bien ; mais... j'ai peur d'elle, je vous le confesse !

— Et vous avez raison, dis-je à mon tour ; ne la recevez pas seule. Qui sait à quelle extrémité peut la porter la jalousie ?

— Vous voyez donc bien ! reprit Narcisse. La Julia est jalouse, et la demoiselle a peur ! Preuve qu'Albany n'est pas si discret.

— Mais, si je garde un de mes gens auprès de moi, dit mademoiselle d'Estorade en l'interrompant, elle affectera de m'insulter en sa présence.

— Sans aucun doute ! répondit Narcisse.

— C'est donc à vous de rester auprès de moi. Seulement, elle en parlera avec malveillance ; elle dira qu'elle m'a surprise à la campagne en compagnie de deux jeunes gens.

— Vous êtes bien bonne pour moi, dis-je en souriant à mademoiselle d'Estorade ; mais j'ai trente-huit ans, je suis marié et père de famille. Il n'y a rien d'inconvenant à ce que je sois ici avec Narcisse pour vous parler d'affaires. Vous nous vendez le petit terrain pour lequel nous avons été hier vous trouver à la ville. Voyons ! Ceci est un cabinet de travail. Nous nous mettons à cette table, nous venons de faire un sous-seing privé. Mademoiselle Julia entre, et nous achevons en sa présence notre petite comédie. Elle demande à vous voir seule ; vous lui dites que c'est inutile et qu'elle peut, si elle a un secret à vous confier, vous parler bas sur cette causeuse. Nous, nous restons dans l'embrasure profonde de la fenêtre, en ayant l'air de relire et de méditer l'acte *important* pour lequel nous attendons votre signature ; et nous ne vous perdons pas de vue. Est-ce convenu ?

— J'admire et j'obéis ! s'écria mademoiselle d'Estorade. Cette personne peut me dire, en votre présence, tout ce qu'elle voudra. Vous en savez plus qu'elle, puisque vous savez la vérité !

Mademoiselle d'Estorade sonna et envoya dire à mademoiselle Julia qu'elle la priait de monter.

Dans l'intervalle, Narcisse prit une feuille de papier timbré dans un carton que lui désigna la châtelaine, et il rédigea l'acte en disant :

— Demoiselle, vous répugneriez à faire trop de comédie. Je, fais l'acte en conscience, et vous le signerez, n'est-ce pas ?

— Oui, répondit-elle en souriant, puisque vous tenez tant à condamner la porte de mon enclos de ce côté-là !

— Merci, demoiselle, vous avez compris ! Combien voulez-vous de ce terrain ?

— Combien voulez-vous le payer ?

— Les yeux de ma tête, si c'est là votre prix.

— Non, ce serait trop cher. Mettons cent francs, que vous porterez demain dans le tronc des pauvres de la paroisse.

— Cent francs, un terrain en ville ? C'est trop peu de moitié au moins ! Vous n'y songez pas. Ah ! si c'est comme ça que vous faites vos affaires...

— Eh bien, puisque c'est pour les pauvres, mettez le double, et n'en parlons plus. Voici cette demoiselle !

VI

Julia entra, en effet. Elle était mise avec une simplicité élégante ; mais sa taille était la seule beauté réelle qu'elle eût conservée ; à dix-neuf ans, elle était ravagée par la fatigue du vice ou des passions. Elle était presque laide, vue de près.

Je crois que cette découverte, si elle ne fut pas un secret plaisir à mademoiselle d'Estorade, lui causa au moins cette sorte de soulagement intérieur que les femmes seules pourraient définir si elles voulaient bien être franches, et qu'à la vue d'une rivale laide ou enlaidie, la plus austère éprouve encore, sans se l'avouer à elle-même.

La scène que nous avions préparée ne s'engagea pas absolument comme nous l'avions prévu. D'abord Julia nous regarda d'un air d'ironie triomphante. Elle salua Narcisse en l'appelant par son nom de baptême, et en lui disant qu'elle était fort surprise de le trouver là. Narcisse, qui ne manquait pas d'à-propos quand il n'était pas intimidé, lui répondit qu'il était bien plus étonné lui-même de l'y voir se présenter. C'était provoquer d'emblée la colère de la chanteuse, et ce n'était pas une mauvaise idée. Il valait beaucoup mieux que la discussion s'établît entre nous tous, que si nous eussions été forcés, Narcisse et moi, d'intervenir maladroitement.

Julia répliqua avec aigreur que les choses les plus surprenantes n'étaient pas si rares qu'on le croyait ; et elle ajouta :

— Mademoiselle d'Estorade me reçoit devant témoins. Puisque c'est son intention, je m'y conforme, et j'entre en matière sans préambule.

— Allez ! dit Narcisse ; ça ne nous fait rien ; nous sommes occupés, nous autres, et nous n'écoutons pas.

— Écoutez, au contraire ! reprit Julia avec une audace

extraordinaire chez une si jeune femme. Aidez-moi à découvrir ce que mademoiselle d'Estorade a fait de mon mari.

— Votre mari ? qui donc, votre mari ? dit Narcisse en riant.

— Je n'en ai qu'un, répondit Julia. Il y a six mois que je vis exclusivement et maritalement avec Albany ; mais, si le mot de mari écorche de trop saintes oreilles, je dirai mon amant.

— C'est comme il vous plaira, lui dit mademoiselle d'Estorade avec une tranquillité singulière.

Je la regardai. Elle s'était assise un peu en arrière de la table, dans une attitude de résignation patiente et digne. Elle était plus pâle que de coutume ; mais son regard avait la sérénité des âmes habituées à tous les genres de sacrifices.

Julia la regarda aussi, pour la première fois, avec une certaine attention.

— C'est donc là, dit-elle, après un silence moitié ému, moitié insultant, mademoiselle d'Estorade ? Eh bien, je la croyais affreuse ; et elle ne l'est pas. On m'a trompée... On m'a dit qu'elle était toute déjetée, et elle-même, à ce qu'on prétend, se fait passer pour bossue, depuis qu'elle ne se montre plus dans la ville. Pourquoi toutes ces histoires-là ? Elle n'est ni vilaine ni contrefaite, et ces petites femmes minces, ça fait des caprices, et, à ce qu'on dit, des fureurs. On m'a menti, on m'a menti ! Ce n'est pas là une vieille petite maman qu'on ne peut pas regarder sans rire. C'est une vieille demoiselle mal attifée et qui fait la béguine et la prude, mais qui peut bien encore avoir le diable au corps et monter la tête à un fou comme...

— Avez-vous bientôt fini ? dit Narcisse en frappant du poing sur la table.

— Laissez-là dire, reprit mademoiselle d'Estorade ; tout cela m'est indifférent. J'attends le résultat de cette divagation.

Je calmai Narcisse, qui avait envie de jeter Julia à la porte. Selon moi, mademoiselle d'Estorade prenait le seul parti convenable en de semblables rencontres, le parti du mépris impassible.

Elle éprouvait cependant, et nous éprouvions tous, une assez vive anxiété, relativement à ce que Julia pouvait avoir découvert de réel au milieu des inductions de sa jalousie. Il fallait le savoir. C'était donc une raison de plus pour prendre patience.

Elle épancha sa bile en un torrent de récriminations contre Albany. Elle le représenta comme le dernier des hommes, capable de tout. Il lui avait fait quitter ce qu'elle appelait un établissement sérieux, c'est-à-dire le protectorat d'un riche bourgeois de Montauban, pour l'abandonner, après six mois d'ingratitude et de brutalité, à la misère et au désespoir ; car elle l'aimait encore, malgré tout. Elle s'en vantait avec une sorte d'égarement, et trouvait, par moments, des paroles assez vives, sinon touchantes, pour peindre l'état de son cœur brisé et de sa cervelle en démence.

Quand elle eut tout dit, mademoiselle d'Estorade prit la parole avec son imperturbable douceur.

— Je vous plains, lui dit-elle, et, si vous veniez me demander des conseils, je vous ferais peut-être comprendre que vos chagrins ont leur cause dans votre passé. Mais vous êtes venue pour autre chose. Sont-ce des secours que vous désirez ? M. Albany vous a-t-il, en effet, laissée sans ressources ?

Je vis bien que la principale préoccupation de mademoiselle d'Estorade était de savoir si Albany lui avait extorqué de l'argent comme un misérable, ou si, réellement, sentant la honte de sa situation, il avait restitué à Julia ce qu'il prétendait lui devoir.

Celle-ci, comme si elle eût deviné ce qui se passait dans l'esprit de sa rivale, hésita un moment à répondre; mais le désir de l'offenser l'emporta sur celui de se venger d'Albany par un mensonge.

— Il m'a restitué une somme que j'avais dépensée pour lui, répondit-elle, et, quand je parle de misère, c'est pour l'avenir. C'est à cause du tort qu'il m'a fait en m'avilissant par ses mauvais traitements, au point que ma voix en a souffert, tout le monde l'a remarqué; et, si je perdais ma voix, je pourrais bien lui reprocher d'être véritablement mon assassin. Mais, quand même je serais sans pain, ce n'est pas ici que j'en viendrais demander. Non, non, je suis trop fière pour ça! Je sais très-bien que c'est d'ici qu'est parti le coup.

— Comment cela? dit Narcisse.

— Je le dirai si mademoiselle d'Estorade l'exige.

— Mais certainement, reprit mademoiselle d'Estorade. J'attends que vous le disiez, et vous perdez le temps en paroles inutiles. Vous voyez, je suis en affaires, expliquez-vous.

— Expliquez-vous vous-même! s'écria Julia prenant d'instinct une pose de théâtre assez réussie. Qu'avez-vous fait d'Albany? Où est-il? Dans quel coin de votre vieux château est-il caché? Prétendez-vous me faire croire que vous n'en savez rien, et que vous n'avez pas avec lui des rapports mystérieux? Tenez! votre Albany est un maladroit et un étourdi! En me renvoyant, hier au soir, l'argent qu'il me devait, au moment de s'enfuir ou de se cacher comme un coupable, il a fait la bévue d'envelopper les billets de banque dans un bout de papier que voici. Regardez, regardez, messieurs! Il ne reste qu'une phrase à la fin d'une lettre, mais elle est claire : « Je bénirai vos bonnes résolutions. » Et la signature : *Juliette d'Estorade!* en toutes lettres! hein? Il a cru se servir d'une page blanche; mais il y a un Dieu pour éclairer les femmes jalouses et pour perdre les hypocrites!

— Pourquoi diable, s'écria Narcisse en s'adressant avec humeur à mademoiselle d'Estorade, signez-vous vos œuvres de charité?

— Parce que je suis une hypocrite, répondit-elle en souriant. Je signe tout et toujours, m'enlevant ainsi l'occasion de pouvoir jamais nier une ligne de mon écriture.

— Ainsi, vous en convenez? s'écria Julia exaspérée; c'est bien vous qui lui avez fourni cet argent-là; c'est bien vous qui lui avez conseillé de me quitter; c'est bien vous qui me l'enlevez?

— Oui, mademoiselle, répondit avec une fermeté glaciale mademoiselle d'Estorade.

Et elle me regarda comme pour me dire : « C'est à votre tour de me justifier comme vous l'entendrez. »

Je pensai que la vérité de fait était le meilleur moyen d'en sortir. Grâce au ciel, Julia ne savait rien du rendez-vous, de la correspondance et des sentiments secrets qu'à tort ou à raison nous pouvions attribuer à mademoiselle d'Estorade.

— Mademoiselle, dis-je en lui montrant Juliette, est une sœur de charité, et nous savons comment M. Albany lui a demandé à emprunter une somme dont il lui a dit être débiteur envers vous. Nous savons que mademoiselle d'Estorade, qui avait connu M. Alban Gerbier autrefois dans sa famille, en Touraine, a engagé cet artiste à réparer ses torts envers vous, s'il en avait, et à vous épouser, si vous étiez sage. Ce qu'il a répondu, nous vous l'épargnons. Nous étions témoins de l'entrevue, M. Pardoux et moi. Vous voyez donc bien que ces relations mystérieuses, qu'il vous plaît de souiller dans votre pensée, ont eu la sanction de deux personnes sérieusement dévouées à mademoiselle d'Estorade, qui ont approuvé sa générosité et apprécié son désir de rendre à la famille et à la société un esprit égaré, mais non perverti. Que voulez-vous faire pour contrarier ses pieux desseins? Courir après M. Albany et le replacer dans les conditions humiliantes où il se trouvait vis-à-vis de vous? A coup sûr, mademoiselle d'Estorade ne peut vous en empêcher; mais, si, par hasard, elle sait quel chemin il a pris pour vous fuir, je l'engage fort à ne pas perdre le fruit de sa bonne action en vous mettant sur sa trace. Tenez-vous donc tranquille, au moins vis-à-vis d'une personne que probablement vous n'êtes pas capable de comprendre, mais que ses amis sauront bien faire respecter comme elle le mérite. Vos soupçons ne peuvent la noircir, vos injures ne peuvent l'atteindre. Vous avez vu et vous voyez qu'ils ont glissé sur elle comme sur un marbre. Retirez-vous, on n'a plus rien à vous dire.

Mon speech eut un succès auquel j'étais bien loin de m'attendre. Je ne parle pas de Narcisse, qui était tout près de m'embrasser séance tenante, ni de mademoiselle d'Estorade, dont les beaux yeux clairs me remerciaient, mais de Julia, qui resta comme frappée de la foudre, et qui, tout à coup, par une de ces réactions propres aux caractères emportés, se jeta aux genoux de mademoiselle d'Estorade en sanglotant et en se tordant les mains.

Si elle eût calculé sa sortie pour une scène de drame, elle n'en eût pas trouvé de meilleure que ce qu'elle fit, d'instinct, avec des poses brisées d'un mouvement très-pathétique. Après s'être agenouillée devant la châtelaine, sans pouvoir lui dire un mot, elle alla tomber, suffoquée, auprès de la porte, et nous dûmes la ramener auprès de la fenêtre ouverte, tandis que mademoiselle d'Estorade lui prodiguait ses soins. Narcisse, toujours méfiant, craignait que Julia ne fît cette scène pour attirer les domestiques et faire scandale dans la maison. Mais la pauvre fille était vraiment en proie à une crise de nerfs. Elle étouffa ses cris dans ses cheveux dénoués, et fit son possible pour comprendre ce que nous lui disions, mademoiselle d'Estorade et moi, pour la calmer, tandis que Narcisse fermait les portes et remuait les chaises près de la cour, on n'entendît pas même ses soupirs et ses sanglots.

Au bout de quelques instants, elle s'apaisa, et, voyant que mademoiselle d'Estorade la soutenait dans ses bras avec la même sollicitude calme et attentive qu'elle eût témoignée à toute autre malade, Julia fut dominée par un grand attendrissement. Ses larmes coulèrent, et elle demanda pardon avec effusion.

— Ayez pitié de moi, disait-elle à mademoiselle d'Estorade en lui baisant les mains; ne me haïssez pas; je suis folle, je suis méchante, c'est vrai. Je vous ai insultée, vous si bonne et si charitable; que voulez-vous! j'ai cru que vous étiez une *Tartufe*, une *Catherine de Médicis!* Je n'ai pas compris, que voulez-vous! J'ai été si mal élevée, perdue si jeune! Ah! si vous saviez mon histoire! mais je n'oserais pas vous la raconter... Plaignez-moi! Ne me chassez pas sans m'avoir pardonné... ou

plutôt, gardez-moi chez vous, instruisez-moi dans la religion. Je veux quitter le théâtre, je veux me convertir,
me faire religieuse, et mourir de chagrin pour qu'Albany
me pleure et que vous m'estimiez !

Elle débita mille extravagances de ce genre, se
confessant à tort et à travers, comme un enfant, et demandant la réhabilitation et la sainteté au bout d'un quart
d'heure d'exaltation, qu'elle prenait pour du repentir. Mademoiselle d'Estorade la traita avec une grande douceur,
sans faire montre, avec elle, d'un prosélytisme trop naïf,
et, comme Julia était venue à pied, elle pensa à la faire
coucher dans le château, mais sans consentir à passer la
nuit sous le même toit, car elle donna tout bas des ordres pour son propre départ.

Quand, au bout d'un quart d'heure, on vint lui faire
signe que sa voiture était prête, Julia étant tout à fait
calmée, Juliette nous fit signe à son tour, et nous dit
dans l'escalier :

— Je m'en vais tout de suite, bien que j'eusse l'intention de rester jusqu'à demain. Je ne sais si vous comptez
partir ce soir ; mais, dans tous les cas, je vous demande
de ne vous mettre en route que dans une heure, afin que
l'on ne nous voie pas rentrer en ville ensemble.

— Soyez tranquille, répondit Narcisse ; mais comptez-
vous réellement laisser cette Julia ici ?

— Que voulez-vous que j'en fasse ? Craignez-vous
qu'elle ne recommence ses fureurs et ses folies devant
mon monde ? N'est-elle pas sincère dans son repentir ?

— Elle est sincère, répondis-je ; mais que le repentir
soit durable, voilà qui est fort douteux. Elle est sans jugement et sans intelligence ; elle ne peut dire et faire ici
que des sottises. Partez, nous l'emmènerons chez Narcisse, et, de là, à la ville.

L'affaire était arrangée ainsi, et nous allions prendre
congé de mademoiselle d'Estorade, lorsque Julia s'élança
dans l'escalier en disant qu'elle s'en allait, qu'elle voyait
bien qu'elle était à charge et qu'elle en demandait pardon, mais qu'elle sentait bien ne devoir pas rester un
instant de plus. Elle vit que mademoiselle d'Estorade
s'en allait, car celle-ci avait mis son mantelet dans le ves-
tibule, et elle refusa également de passer la nuit au château et de venir à la Folie-Pardoux. Elle voulait partir
seule, à pied, comme elle était venue.

— Je ne le souffrirai pas, lui dit mademoiselle d'Estorade. Je vous emmènerais plutôt dans ma voiture.

— J'espère que non ! dit Narcisse. Cela ne se peut pas !

Cette parole, jetée sans ménagement, blessa profondément Julia.

— Vous pouviez bien m'épargner vos mépris, monsieur
Narcisse, lui dit-elle avec amertume. Vous n'êtes pas un
saint, vous ! Je n'ai pas la prétention de monter dans la
voiture de mademoiselle d'Estorade. Je sais bien qu'à
ses yeux, comme aux vôtres, je suis pire qu'un chien. Eh
bien, si j'en suis là, que personne ne s'inquiète de moi.
Peut-être que Dieu, qui ne méprise personne, aura pitié
de moi, un jour ou l'autre.

— Vous avez raison, Julia, répondit mademoiselle
d'Estorade, qui était arrivée au bas de l'escalier, et vous
me rappelez à mon devoir, que j'oubliais. Je suis une
sœur de charité, moi, on vous l'a dit, et c'est mon ambition. Il ne m'est donc pas permis de tenir personne à
distance de moi. Montez dans ma voiture.

Et, sans tenir compte de la résistance de Julia, ni de
l'opposition de Narcisse, elle fit asseoir auprès d'elle cette
fille perdue, ordonna au cocher de partir, et nous dit,

en s'éloignant, une parole qu'elle n'avait pas cru devoir
nous dire le matin :

— Au revoir !

— Au revoir, où et quand ? me dit Narcisse en reprenant avec moi le sentier qui conduisait à la Folie-Pardoux. Et puis, emmener cette fille à côté d'elle ! Ah ! ces
dévotes, ça ne sait vraiment pas se gouverner !

— C'est ici tant mieux ! lui répondis-je. Ce généreux
cœur n'est gouverné que par l'idée du devoir et le sentiment de la pitié. Elle a donc pu, dans ses relations avec
Albany, ne pas subir d'autre entraînement moral.

— Ah ! oui, certes, elle est charitable, reprit Narcisse ;
mais, dans ces choses-là entre une femme et un homme,
il y a toujours quelque chose qu'on ne dit ni aux autres
ni à soi-même, et qui rend la pitié plus tendre et la charité plus agréable. Tenez, nous avons acheté le bout de
jardin, c'est-à-dire mûré la porte aux rendez-vous ; mais
nous n'en perdons pas moins la partie ! Albany ne s'est
pas si mal conduit que je l'aurais cru. Il a bien réellement payé et quitté sa mauvaise maîtresse. Mademoiselle
d'Estorade a un grand poids de moins sur le cœur. Elle
se dit qu'elle peut encore la sauver, ou la plaindre en
secret. Qui sait si, dans son humilité chrétienne vis-
à-vis de cette Julia, il n'entre pas un peu du désir d'entendre parler, soit en bien, soit en mal, de celui qu'elles
aiment toutes deux, chacune à sa manière ?

En parlant ainsi, Narcisse Pardoux regardait la voiture
de mademoiselle d'Estorade, qui montait lentement la côte
au-dessus de nous. C'était une longue carriole noire, per-
cée d'étroites ouvertures, une sorte de voiture cellulaire,
traînée de deux forts chevaux de labour, et menée par un
paysan blond et bénin, un de ces charretiers doucereux qui
ne jurent ni ne boivent, natures sans malice et sans nerf,
qui sont *mauvais ouvriers* chez les maîtres exigeants,
excellents sujets chez les personnes douces et patientes.

— Elle s'en retourne dans son tombeau, me dit Narcisse en détournant la tête. Quelle triste vie elle a choi-
sie ! Après tout, ajouta-t-il en levant les épaules, c'est de
son goût ! Ça ne me regarde pas !

Une lettre du directeur de ma compagnie m'ayant fait
partir plusieurs jours après celui que je viens de raconter, je passai une partie de l'hiver à Paris, ou en voyage
à travers la France, toujours dans le but de me rensei-
gner sur les chances, les déboursés et concurrences de
l'exploitation industrielle que nous devions établir à la
Faille-sur-Gouvre. Comme tous mes renseignements appor-
taient une nouvelle confirmation à la valeur du projet
et à la sérieuse importance de l'idée première, M. T...
poursuivait ses démarches pour obtenir la concession de
l'entreprise, et, dans les premiers jours du printemps,
elle lui fut accordée. Il ne s'agissait donc plus de cacher
mon but, mais, au contraire, de le publier et d'y marcher
avec activité. Je partis pour la Faille avec toutes les instructions nécessaires, les maîtres ouvriers dont j'avais
besoin pour instruire et conduire ceux que l'on prendrait
dans le pays, les modèles et les calculs que j'avais éta-
blis sur le papier, enfin avec un crédit de confiance illi-
mité sur la maison T... et Cⁱᵉ.

J'avais eu avec Narcisse une correspondance très-sui-
vie, mais exclusivement consacrée à des questions d'é-
claircissement relatives à l'affaire, sans que le nom de
mademoiselle d'Estorade fût échangé entre nous, toutes
les lettres de Narcisse devant faire partie du dossier des
informations.

Mon premier soin, en arrivant à la Faille, fut de courir chez cet excellent ami, et la première chose qui frappa mes regards, quand j'entrai sur la petite place de la Comédie, fut un nouveau nom imprimé en grosses lettres sur la lanterne du café : *Pitard, successeur de Pardoux.*

J'entrai pour demander la nouvelle adresse de Narcisse. M. Pitard, qui me connaissait déjà de vue, s'empressa à ma rencontre.

— Narcisse demeure toujours ici, me dit-il, car c'est d'hier seulement que je suis entré en possession et en fonctions. J'espère, monsieur, que vous resterez acquis à notre clientèle. C'est moi le beau-frère à Narcisse, et voilà sa sœur cadette, mon épouse, que je vous présente. Nous tâcherons de faire aussi bien dans notre emploi que Narcisse, dont tout le monde était si content. Ça n'est pas facile, mais on y tâchera. Quant à lui, il demeurera avec nous jusqu'à ce que sa nouvelle maison soit bâtie. Il se fait faire un petit logement bien gentil dans son jardin, qu'il s'est réservé en toute propriété. Vous l'y trouverez, sans doute, en train de conduire ses ouvriers. Si vous voulez passer par le petit escalier de derrière, c'est le plus court. Ma femme, conduit donc monsieur !...

Je connaissais les êtres. Je remerciai et saluai madame Pitard, qui était une assez belle personne, de bonne tenue, et plus distinguée que son mari. J'eus aussi à dire bonjour à Jeannette, qui avait, à la hâte, allumé une chandelle pour me faire descendre par le petit escalier noir, en me demandant *escuse* de ce qu'il n'était pas encore *baliyé.*

De l'autre côté de la ruelle, au lieu du mur et de la petite porte que je connaissais, je trouvai la carcasse d'une maisonnette de deux étages, dont les ouvertures principales étaient tournées vers le jardin. Je passai vite sous les échafauds, d'où pleuvaient avec activité la chaux et le mortier, et je trouvai Narcisse dans le parterre, causant avec son maître maçon.

Il ne m'attendait pas si tôt, et se jeta dans mes bras avec joie. Le kiosque étant détruit pour donner de l'espace au jardin et de l'air à la construction nouvelle, il me conduisit sur la butte, destinée aussi à disparaître, et nous nous assîmes sur les débris de ce qui avait été mon cabinet de travail, au milieu des pauvres arbustes tout brisés, qui suspendaient encore quelques grappes de fleurs sur nos têtes.

Narcisse était aussi changé que son jardin, et même, si je l'eusse rencontré ailleurs inopinément, j'eusse hésité à le reconnaître. Mais, bien loin de présenter l'aspect d'une ruine, sa personne était sensiblement améliorée de toutes les façons. Il avait pourtant considérablement maigri, mais il était aisé de voir que c'était par l'effet d'un meilleur régime et qu'il se portait beaucoup mieux que par le passé. Son teint blême et bouffi avait pris un ton plus solide; son vaste abdomen avait disparu, et ses habits faisaient mieux valoir sa haute taille et sa belle figure.

C'est par mes soins que cette dernière métamorphose s'était opérée. Il m'avait chargé de lui envoyer des *habits de Paris,* et je lui avais fait expédier des choses simples à son usage, mais d'un choix de couleur moins mirobolant et d'une coupe moins fantastique que sa toilette indigène. Il était donc arrangé comme tout le monde, ce qui est la seule bonne manière de l'être; et, comme son type de famille était un fort beau type, la vulgarité ridicule de l'accoutrement ne le défigurait plus. Je lui fis compliment de sa bonne mine.

— Ma foi, répondit-il, je suis content de me sentir moins lourd et d'avoir perdu l'habitude de la bière et de

l'absinthe. C'est un mauvais régime, et un homme qui veut vivre ne peut pas continuer plus de dix ans le métier de cafetier dans nos petits endroits, où il faut toujours trinquer avec la pratique, sous peine d'être malhonnête. Je me suis senti à bout, et j'ai repris le fusil de chasse et les courses dans la campagne. J'étais depuis longtemps en marché avec mon beau-frère pour lui céder l'établissement. J'y ai gagné de quoi vivre, et, comme c'était là le but, je n'ai pas voulu attendre d'y mourir. Il faut que je sois fort comme un cheval pour y avoir tenu si longtemps. Dieu merci, je ne m'en sens plus; je mange à présent comme tout le monde, et je dors quand je veux, ce qui me semble assez doux.

— Et pourtant vous n'allez pas vivre les bras croisés? Vous vous ennuieriez !

— Sans doute. En ce moment, ma construction m'occupe et m'amuse; mais, quand j'y serai installé, je sens que je suis trop jeune encore pour vivre en propriétaire, c'est-à-dire en *feignant.* Je vous demanderai peut-être un petit emploi dans votre grande affaire.

— Dites notre grande affaire. Elle est vôtre dès le principe et restera vôtre dans une juste et bonne proportion. Cela est réglé à vingt pour cent dans les profits, votre vie durant. Dans dix ans d'ici, vous aurez, si, comme j'en suis persuadé, nous prospérons, de quarante à cinquante mille livres de rente.

— Moi ! s'écria Narcisse stupéfait, moi ! J'aurais cette fortune-là sans rien faire? Je ne veux pas !

— Vous n'avez pas été consulté; je savais votre désintéressement. M. T... n'est pas un spéculateur égoïste et ingrat. L'acte d'association entre lui et les capitalistes qui se sont présentés vous constitue la part de ce que je vous dis, et, comme, en outre, vous êtes libre de choisir chez nous l'emploi qui vous conviendra, vous ne pourrez pas dire que vous n'avez rien fait pour la prospérité d'une entreprise qui, à son point de départ, est votre idée, par conséquent, votre œuvre.

Narcisse dut se rendre; il était si bouleversé, qu'il ne comprenait pas encore sa situation. Son maître maçon étant venu le trouver pour lui dire qu'on allait poser les charpentes, mais que c'était grand dommage de ne pas monter le bâtiment d'un étage de plus, il répondit :

— C'est vrai, c'est vrai; mais, que voulez-vous! nous avons tout calculé ensemble, et ce serait trop cher. On fait ce qu'on peut, que diable !

— Montez d'un étage, lui dis-je. Quelques modestes que puissent être nos bénéfices de la première année, je vous réponds que vous aurez de quoi payer.

Il commanda son second étage avec une satisfaction enfantine, et, tout à coup, il fut pris d'une inspiration touchante.

— Attendez-moi, dit-il, il faut que j'aille à la maison chercher cent francs que je veux aller jeter dans le tronc des pauvres de la chapelle des *Sœurs bleues.* Ça nous portera bonheur.

— J'en accepte l'augure, lui répondis-je, et j'en veux faire autant pour mon compte. Nous irons ensemble tout à l'heure; mais contentez donc d'abord mon impatience. Parlez-moi de mademoiselle d'Estorade. Est-elle morte, religieuse ou mariée, que vous n'avez pas trouvé un petit bout de papier à glisser dans vos lettres pour me donner de ses nouvelles?

— Ah ! dame, c'est qu'un petit bout de papier, ça aurait été trop court pour tant de choses que j'avais à vous dire là-dessus. C'est toute une histoire surprenante à vous raconter. M'écoutez-vous bien ?

— De toutes mes oreilles.

— Figurez-vous qu'après votre départ, tout de suite après (on aurait dit qu'elle attendait ça pour se décider ou s'enhardir), la belle Julia, au lieu de suivre la troupe de comédiens qui s'en allait, dit bonsoir à la compagnie et s'en vint trouver mademoiselle d'Estorade à son couvent, en lui déclarant qu'elle voulait se retirer du mal et entrer en religion. Mademoiselle d'Estorade se méfia un peu d'une si belle résolution et lui dit qu'avant d'entrer dans une maison régulière, consacrée à l'éducation chrétienne des enfants, il fallait avoir fait preuve de bonne conduite, et réparer ses vieux péchés par des années de pénitence. Elle lui conseilla d'aller se mettre en apprentissage de mortification chez les sœurs de l'hospice, ou de consulter quelque prêtre de mérite, pour que l'on pût reconnaître si sa vocation n'était pas un caprice. Julia se soumit ; mais les sœurs de l'hospice firent la grimace à l'idée de s'exposer aux rechutes d'une fille qui avait fait beaucoup de scandale dans l'endroit, et le curé de Morsaint, que mademoiselle d'Estorade considère comme un homme plus éclairé que les autres prêtres du pays, ayant questionné notre chanteuse, ne sut dire ni oui ni non sur son compte. Il voulait qu'elle se rendît auprès de l'évêque du diocèse, qui déciderait de son admission dans un couvent, afin qu'elle fût instruite dans la religion, dont elle ne sait ni a ni b, et que l'on pût éprouver ses bons sentiments avant de l'admettre au noviciat.

» Julia envoya promener les précautions, et l'hospice, et le curé de Morsaint, et l'idée d'aller trouver un évêque. Elle retourna auprès de Juliette et la mit au pied du mur, en lui disant que, si elle refusait de l'encourager et de l'instruire directement, elle renoncerait à se convertir et rentrerait dans le chemin de la perdition.

» Mademoiselle d'Estorade, voyant qu'elle seule avait du pouvoir sur cette pauvre tête, l'envoya demeurer au château d'Estorade, où elle commanda à ses domestiques de la bien traiter, de lui rendre compte de sa bonne ou mauvaise manière d'être, et où elle promit d'aller la voir une fois par semaine, jusqu'à ce qu'elle pût juger si elle était assez raisonnable pour demeurer dans son couvent.

» Voilà le commencement de l'histoire de mademoiselle Julia avec notre Juliette ; mais, pour vous dire comment j'en ai su les détails, il faut que je vous dise mon histoire, à moi, avec cette bonne sainte fille que j'aime bien, allez ! malgré qu'elle soit dévote et que je ne le sois guère !

— Oui, oui, Narcisse, je sais que vous êtes un voltairien, vous ! Mais qu'importe ? continuez donc !

— Ah ! dame, que je continue... c'est une histoire bien secrète et bien délicate. Mais je vous aime tant, vous !... et je suis sûr de vous ; je vais vous confier ça !

» Il y avait aux Sœurs bleues une petite fille de sept ans, jolie comme un bijou, et douce et aimable, que mademoiselle d'Estorade préférait à toutes les autres élèves. Elle ne le faisait guère paraître devant elles, crainte de les rendre jalouses ; mais cette petite, qui a nom Sylvie, couchait toujours auprès d'elle et ne sortait jamais en ville. C'était, disait-elle, une enfant de l'hospice qui avait été confiée à une paysanne d'Estorade pour la nourrir. Elle l'avait remarquée là, par hasard, comme un bel enfant, et ensuite comme une petite mignonne plus proprette et d'un plus joli babil que tous les autres de la pa-

roisse. Elle l'avait donc prise en amitié, et, dès que cette fillette avait eu cinq ans, elle l'avait emmenée à son couvent pour en avoir soin et l'instruire elle-même. La petite l'adorait, et on peut dire que mademoiselle d'Estorade chérissait cette enfant comme si elle eût été son propre sang. Personne n'avait jamais pensé à s'en étonner dans le couvent. Il était tout naturel qu'au milieu de tant d'enfants plus ou moins terribles, mademoiselle d'Estorade se fût attachée à la plus abandonnée. Elle l'avait toujours à son côté, et, quand elle allait à Estorade, elle l'emmenait presque toujours pour lui faire embrasser sa nourrice, et pour la promener au soleil dans la montagne.

» Moi, je savais bien que Juliette avait une élève préférée, et qu'elle l'avait prise dans notre campagne ; mais, comme, depuis bien des années, nous ne nous parlions plus (vous savez, quand vous êtes venu ici, l'an passé, mademoiselle d'Estorade était pour moi comme une personne enterrée), si, par hasard, je la rencontrais une fois l'an à Estorade, je m'en allais d'un autre côté pour ne pas me trouver dans son chemin. Enfin, je boudais contre elle, pensant que la dévotion lui avait fait oublier ses vieux amis, et je n'avais jamais ni regardé ni vu de près la petite qui marchait à côté d'elle. Ça n'est pas étonnant, puisque j'avais oublié même la figure de mademoiselle d'Estorade.

» Quand vous avez été parti, au mois de septembre dernier, je pensais bien ne jamais reparler avec Juliette, malgré qu'elle nous avait dit en nous quittant : « Au » revoir ! » Je ne me serais pas permis d'aller à son couvent sans une bonne raison que je n'avais plus, ou sans un gros prétexte que je ne savais pas trouver. Je me disais que le hasard seul pouvait nous remettre en présence, et, cette fois, c'était à augurer, puisque je vendais mon établissement, ce qui me permettait d'aller souvent à ma campagne. Je savais que Julia habitait le château, et que mademoiselle d'Estorade s'y rendait toutes les semaines.

» Un jour, le même hasard me fit parler avec mademoiselle Julia, qui se promenait au bord de la Gouvre, et, comme j'étais un peu curieux de savoir si mademoiselle d'Estorade avait déjà réussi à en faire une Madeleine repentante, je fis semblant d'y mordre, et je lui causai de manière à regagner sa confiance.

» Je trouvai une fille qui, quoi qu'elle fît, ne pouvait pas venir à bout d'avoir le sens commun. Elle disait oui et non, pour et contre, ciel et enfer, non pas seulement dans la même heure, mais dans la même réponse aux questions que je lui faisais.

» Je vis bien que mademoiselle d'Estorade perdait son temps et sa peine à la vouloir convertir. Pourtant, cette fille paraissait bien l'aimer, et je crois encore qu'elle l'aimait tout de bon. Elle lui savait gré de deux choses : l'une qui était d'avoir conseillé à Albany de l'épouser si elle s'amendait, l'autre qui était de l'avoir prise dans sa voiture le jour que vous savez, et de lui avoir parlé avec douceur et honnêteté tout le long du chemin. Les femmes perdues ont beau dire qu'elles se moquent de tout, je crois que la chose qui leur est toujours sensible, c'est le mépris que font d'elles les femmes honnêtes ; et, comme mademoiselle d'Estorade avait montré à celle-ci des égards, elle avait soif de s'en faire considérer, et même elle eût donné je ne sais quoi pour être son amie.

» Voilà pour moi tout le secret de la fantaisie de couvent qui était tombée dans la tête de cette Julia. Mais son amitié pour Juliette n'était pas meilleure que l'amour qu'elle avait et qu'elle a encore pour Albany. Ce n'était qu'exigences déraisonnables et jalousie furieuse. Elle parlait d'elle, tantôt comme d'un ange du ciel, et tantôt comme d'une hypocrite ; tantôt comme d'une égoïste indifférente, et tantôt comme d'une vaniteuse qui voulait faire des conversions pour en avoir l'honneur et les compliments. Quand mademoiselle d'Estorade venait passer deux ou trois heures avec elle, elle en était si fière et si contente, qu'elle l'eût servie à genoux ; mais, quand celle-ci, la trouvant encore trop singulière dans ses idées religieuses, ou trop amoureuse d'Albany, lui refusait de l'emmener avec elle, les dépits, les colères et les reproches recommençaient. Elle en gardait rancune toute la semaine et passait son temps à lui écrire des lettres de cinquante pages pour se plaindre que *la grâce* ne lui tombait pas du ciel toute rôtie, et cinquante balivernes sur elle-même, sur le monde, sur Albany ; tout ça si mal en ordre et si mal griffonné, sans un mot d'orthographe, que mademoiselle d'Estorade ne pouvait pas trouver le temps de le déchiffrer et ne voyait rien d'utile à s'y crever les yeux.

» Quand je vis cette Julia si fantasque, si peu fixée dans ses projets, si ennuyée d'être à la campagne et d'y être seule, qu'elle en perdrait la tête, je me promis, à la première occasion qui se trouverait, d'en avertir mademoiselle d'Estorade, qui ne savait peut-être pas le tout sur son compte ; et, comme, justement, ce jour-là, Julia me dit qu'elle l'attendait le lendemain, je passai la nuit à la Folie-Pardoux, afin de tâcher de la voir en particulier.

» De grand matin, j'allai à sa rencontre, sachant qu'elle venait d'habitude au petit jour. Elle n'aimait pas qu'on sût, dans la ville, où elle allait et où elle n'allait pas. En me voyant sur la route, à l'entrée du val d'Estorade, elle fit arrêter sa voiture, descendit avec la petite Sylvie, et me donna le bonjour bien amicalement, en disant à son domestique qu'elle ferait à pied le reste de son chemin.

» Ce que je lui appris de Julia ne parut pas l'étonner. Elle n'avait pas mis grand espoir en elle. Seulement, elle se croyait obligée d'attendre encore et d'essayer, sans se lasser, de la rendre meilleure. Elle ne comptait pas du tout d'en pouvoir faire jamais une religieuse.

» — Mais au moins, disait-elle, si je pouvais lui faire comprendre qu'on peut être une artiste honnête, j'aurais rempli mon devoir.

» Je trouvai mademoiselle d'Estorade si raisonnable dans tout ce qu'elle pensait, point du tout bigote, et pratiquant, de vrai, le bien pour l'amour du bien, que j'étais content de causer avec elle, et me réjouissais de la voir aussi aimable et aussi tolérante que par le passé.

» J'aurais bien voulu la questionner sur ce qu'elle pouvait savoir et penser, à présent, d'Albany ; mais je n'osai pas et ne lui demandai rien.

» Nous étions entrés dans le village, qui est, comme vous le savez, composé d'une douzaine de petites maisons, dans le creux du val d'Estorade, entre le château et la Folie-Pardoux. Mademoiselle d'Estorade conduisit la petite Sylvie chez sa nourrice, et nous y trouvâmes Julia qui les attendait. Cette fille se jeta au cou de Juliette, l'embrassa malgré elle avec tant de manières exagérées, que cela en était désagréable à voir, et que je compris bien l'ennui que cela devait donner à une si digne personne, d'avoir à contenir une pareille familiarité. Julia, se sentant un peu remise à sa place, n'y fit pas d'abord

grande attention, car elle est de ces natures qui ne comprennent pas du premier mot. Elle jeta son trop-plein de tendresse folle sur la petite Sylvie, au point de vouloir l'emmener tout de suite au château, dans ses bras, sans lui donner le temps de rester un peu avec sa nourrice. Mademoiselle d'Estorade lui fit observer que cela ne se devait pas, et la petite, qui se trouvait trop grande pour être portée au cou, se tira de ses grands bras de comédienne avec un peu d'impatience, pour aller, avec sa sœur de lait, dans le fond de la maison.

» Nous étions, dans ce moment-là, à l'entrée du petit jardin de la nourrice, et Julia s'y alla jeter sur un banc, tout à côté d'une ruche d'abeilles qu'elle manqua de renverser dans sa colère. Là, elle se prit à pleurer et à bouder, et Juliette me dit :

» — La voilà déjà furieuse ! Vous voyez qu'il faut de la patience avec elle !

» Je lui répondis qu'elle devait faire semblant de n'y pas prendre garde, et j'allai m'asseoir à côté de Julia pour la sermonner sur sa bêtise, pendant que mademoiselle d'Estorade causait avec les paysans qui étaient venus la saluer et la consulter sur leurs peines et maladies.

» Cette Julia me reçut comme un hérisson reçoit un renard. Elle pleurait de rage et non de chagrin, car elle se mit à me dire pis que pendre de Juliette.

» — Elle me déteste, par-ci ; *elle se venge de moi*, par-là ! Elle veut m'humilier ; elle ne me pardonne pas d'avoir été aimée d'un homme qu'elle aime plus que vous ne pensez, et avec qui Dieu sait ce qu'elle a fait ! Vous êtes encore bon, vous, de croire qu'elle n'a jamais péché ! Allons donc ! Pourquoi est-elle si jalouse de cette petite ? Croit-elle que je lui donne la peste en la caressant ? Et qu'est-ce que c'est d'ailleurs que cette petite ? Un enfant trouvé ! Ah ! oui, un enfant de l'amour ! De l'amour de qui ? Il y a sept ans qu'on est revenu de Touraine. C'est l'âge de l'enfant. Il ne sort pas de l'hospice de la Faille. Ça, je le sais ! et je sais même d'où il vient. On l'a apporté de Saumur, et, dès le premier jour qu'il a été mis en nourrice, la *demoiselle*, comme disent ces paysans, est venue le voir, et s'en est occupée toujours depuis, comme de la prunelle de ses yeux... Il est notoire que l'on connaissait Albany, du temps qu'il s'appelait Alban Gerbier, en *Touraine !* Et peut-être que, dans ce temps-là, on n'était pas trop laide ! Quelquefois les accidents font tourner la taille, quand on est délicate de santé, etc., etc.

» J'étais furieux d'entendre les horreurs que cette fille disait de sa bienfaitrice ; et pourtant, voyez comme on a l'esprit faible, ça me faisait un effet comme si on m'apprenait une chose dont je m'étais toujours douté, et qui ne pouvait pas être autrement. Dieu sait, pourtant, que je n'y avais jamais songé, et que j'étais indigné de l'entendre dire.

» Je ne cachai pas à cette Julia que je la trouvais abominable, et que j'allais tout redire à mademoiselle d'Estorade pour la faire chasser. Elle continua quand même, jusqu'à ce que, la voyant revenir vers nous, elle se levât, sans rien faire connaître de son idée, et s'enfuît par une autre sortie du jardin.

» — Il faut que je vous parle, dis-je à mademoiselle d'Estorade. Cette fille est une vipère, et vous ne pouvez pas la garder un jour de plus auprès de vous.

» Et je lui rapportai sans ménagement tout ce qu'elle avait dit.

» — Bah ! bah ! répondit Juliette avec sa tranquillité ordinaire, elle est folle, voilà tout, et, si elle continue, je crois bien que le couvent où nous serons forcée de l'envoyer sera une maison d'aliénés. Elle est à plaindre. Je vous en prie, Narcisse, ne la laissez pas courir seule on ne sait où. Je ne suis jamais sûre, quand elle a de ces colères-là, qu'elle ne va pas se jeter dans la Gouvre.

» Je me mis à suivre Julia, qui, en me voyant, parla justement de se tuer; mais elle n'en avait, je crois, nulle envie, et se laissa ramener au château, où mademoiselle d'Estorade, qui nous avait devancés, lui dit pour toute *gronde* :

» — Eh bien, ma pauvre folle, vous trouvez donc que vous me prouvez votre attachement en me donnant toujours de l'inquiétude?

» Julia recommença ses repentances et ses protestations, et puis vint l'attaque de nerfs obligée; après quoi, elle alla dormir, car elle n'en pouvait plus.

» — Et voilà, me dit mademoiselle d'Estorade, comment se passe le temps que je lui sacrifie à vouloir la consoler. En vérité, je me demande quelquefois s'il ne vaudrait pas mieux pour elle retourner à son métier, dont les tracasseries d'esprit et les fatigues lui sont peut-être nécessaires, que d'attendre ici que sa folie se tourne en rage et en désespoir. Mais que faire? Je ne peux pas la prendre au couvent, et, quand je parle de l'envoyer ailleurs que chez moi, elle veut se jeter par les fenêtres.

» J'admirai la patience et la bonté de Juliette; mais, pendant qu'elle me parlait, je regardais, malgré moi, la petite Sylvie, qui jouait au fond du salon avec un petit chat, et je ne pouvais pas en arracher mes yeux. J'ai honte de vous avouer que, malgré moi, je lui cherchais une ressemblance, soit avec Juliette, soit avec *un autre*... Et, par moments, je trouvais une ressemblance avec quelqu'un que je connaissais; mais ce n'était pas Albany, et, chose singulière, je ne pouvais pas dire qui.

» Tout à coup, je trouvai ce que je cherchais, et je ne pouvais pas m'en croire moi-même; et pourtant, plus je regardais, plus j'étais sûr de voir clair; je me sentis si bouleversé, que mademoiselle d'Estorade vit bien que je ne l'écoutais plus. Elle me dit tout doucement :

» — Vous regardez cette petite? N'est-ce pas qu'elle est belle? Vous savez, à présent, que je l'aime comme si elle était à moi. Un jour, je vous dirai qui elle est, car il est probable que vous vivrez longtemps et que je mourrai jeune... Eh bien, puisque nous en sommes là-dessus, je veux vous confier tout de suite une chose que je comptais vous dire un peu plus tard. J'ai fait hier mon testament. Je vous ai nommé mon exécuteur testamentaire et tuteur de cette petite fille, dans le cas où elle ne serait pas établie quand je *partirai*. Je ne vous ai pas consulté. Après ma mort, il vous sera remis des pièces qui vous feront accepter sans hésitation ni regret.

» Ce que disait là mademoiselle d'Estorade me bouleversa encore plus. Je n'osais pas l'interroger, je ne lui répondais rien; j'avais envie de m'arracher les cheveux, de me mettre en colère et de pleurer. Elle vit que je devinais tout; elle appela la petite, la mit sur mes genoux, et lui dit de m'embrasser.

» Ma foi, je l'y tins pas. Je me mis à pleurer comme un imbécile, et mademoiselle d'Estorade, pensant qu'elle me gênait, sortit tout doucement de la chambre.

» Je demandai à l'enfant si elle connaissait son père et sa mère. Elle me répondit que son père était le bon Dieu du ciel, et sa mère sainte Sylvie, sa patronne, qui est au ciel aussi.

» Ce nom de Sylvie qu'on lui avait donné me fit encore réfléchir. Je lui demandai si le portrait de sa patronne n'était pas quelque part dans la maison. Je l'y avais vu autrefois.

» — Oui, me répondit-elle. Il y est toujours, dans l'oratoire de la demoiselle. Voulez-vous venir le voir?

» Je n'avais pas besoin de le voir. Je l'avais déjà vu. C'était une image pas bien belle, mais qui, par hasard, avait une ressemblance étonnante... Je me souvenais du temps où Juliette l'avait achetée à un colporteur, en disant à mes sœurs et à moi :

» — A cause de cette ressemblance-là, je vais la faire encadrer et je la garderai.

» Elle l'avait fait. Nous l'avions souvent revue, et même, pendant quelque temps, nous avions donné le surnom de sainte Sylvie à... à une personne de ma famille dont je vous ai parlé quelquefois, que j'aimais plus que les autres et que mademoiselle d'Estorade aimait aussi particulièrement... une personne que je vous nomme tout bas, vous êtes incapable de le redire!... C'était ma sœur, celle qui est morte il y a sept ans, la pauvre Louise !

VII

Narcisse essuya ses yeux, et, rentrant un gros soupir, il continua son récit.

— Quand je me sentis la force de parler, je priai la petite de nous laisser, car mademoiselle d'Estorade était revenue. Je lui fis connaître que je devinais tout, car cette ressemblance ne pouvait pas me tromper, et m'étais toujours douté qu'il y avait eu un malheur dans la vie de ma pauvre Louise. On me l'avait si bien caché, que j'avais perdu de vue cette idée; mais pourquoi mademoiselle d'Estorade avait-elle douté de moi au point de ne pas me confier plus tôt la vérité?

» Elle m'apprit alors tout ce qui s'était passé : comment l'homme qui devait épouser Louise et qui s'était dédit, par intérêt, avait de nouveau refusé de revenir à elle en apprenant sa position. Mademoiselle d'Estorade, qui était alors en Touraine, avait reçu, par lettre, la confession de ma pauvre sœur! Elle lui avait fourni les moyens et le prétexte de venir la voir, de s'établir ensuite à Saumur, chez une personne de sa confiance, et d'y cacher son malheureux état... Les précautions avaient été si bien prises, (avec de l'argent on vient à bout de tout!) que nous n'avions rien su. Nous nous imaginions qu'elle était là-bas, un peu malade de chagrin de son mariage manqué, et qu'elle y voulait rester quelque temps, comme elle l'écrivait, pour tâcher d'oublier son humiliation et sa peine. Elle y est morte quelques jours après avoir mis au monde cette pauvre petite, que Juliette a mise en nourrice à Estorade, et à laquelle sa résolution était déjà prise de sacrifier sa jeunesse et son avenir; car c'était l'époque de sa majorité; et, quand elle nous a dit, en nous faisant lire son histoire, qu'elle avait quitté le monde pour remplir des devoirs, elle a parlé des enfants pauvres, des orphelins en général; elle ne nous a pas dit que son plus sérieux motif était d'élever ma nièce comme si c'eût été sa propre fille; et, comme elle veut lui léguer la moitié de son bien, c'est pourquoi elle n'a pas voulu ni se marier ni se faire religieuse, afin de garder la gouverne et la disposition de sa fortune.

» A présent, vous me demanderez pourquoi elle m'a toujours tout caché, ainsi qu'à tous mes parents, du temps qu'ils vivaient? C'est encore une délicatesse de sa part. Le lâche, le gredin qui a séduit et abandonné ma sœur vivait encore, riche, marié, honoré, populaire, influent, et décoré par Louis-Philippe, dans notre sotte ville de la Faille, il y a deux mois. Tout réussit aux hypocrites! Comme il n'avait pas compromis ouvertement ma sœur, et qu'après l'avoir demandée en mariage, il avait paru céder à regret, en se désistant, à la volonté de ses parents, ni mon père ni moi ne lui avions cherché querelle. Nous aurions craint d'ébruiter la chose, de faire un scandale qui aurait rejailli sur Louise, et enfin d'avoir l'air de convoiter la fortune et la considération, en nous obstinant à lui faire épouser cet homme malgré lui.

» Mais, Louise morte, si nous eussions connu son malheur, certainement nous en aurions fait un, nous autres! Il aurait fallu que ce drôle nous fît raison, à mon père et à moi. Il n'y eût peut-être pas consenti, il est lâche! Alors nous l'eussions roué de coups, et c'eût été pour nous la prison, peut-être pire! Voilà pourquoi mademoiselle d'Estorade, non-seulement ne nous a rien dit, mais encore s'est éloignée de nous, et a eu l'air de ne plus se souvenir de nos amitiés, afin de n'avoir pas d'explications embarrassantes à nous donner, dans le cas où nous aurions quelque soupçon de la chose.

» Cette enfant est encore la cause pourquoi Juliette a voulu se confier à vous et à moi, l'an passé, et voilà comment elle m'a expliqué son idée :

» — Je n'avais pas absolument besoin de vous dire tout ce que je vous ai raconté, ni de vous faire venir ici pour cela. Il aurait suffi que je vous dise au couvent, en trois mots : « J'ai connu Albany, il y a longtemps, dans » une position honorable; je l'ai retrouvé malheureux et » compromis; je lui ai rendu service en secret pour l'ai- » der à s'échapper d'une mauvaise liaison. » Vous auriez plus ou moins cru à ma parole. J'avais confiance dans votre honneur, et je savais que vous ne me trahiriez jamais. Mais je me suis dit : Je ne suis peut-être pas pour vivre longtemps; le moment de confier Sylvie à son oncle peut venir me surprendre. S'il lui reste dans l'esprit quelque soupçon contre moi, il aura, contre l'éducation que j'aurai donnée à cette enfant, des répugnances qui pourront rejaillir sur elle, et il la jettera peut-être dans des idées toutes contraires à celles que je lui enseigne. Non, non, il faut que Narcisse me connaisse, qu'il me conserve son estime, et qu'il me rende son amitié.

» Là-dessus, Juliette ajouta :

» — Malheureusement, je suis très-sincère, et, quand je vous ai dit que je ne pouvais pas m'empêcher de plaindre Albany plus que vous ne l'en jugiez digne, vous avez conservé, malgré moi, l'idée que je pouvais être follement coiffée de lui et songer à l'épouser. J'espère qu'aujourd'hui vous ne le croyez plus, et que la jalousie de mademoiselle Julia ne vous paraît pas très-fondée. Le ciel m'est témoin que, si j'avais pu ramener cette jeune fille à la décence et à la raison, la rendre digne du mariage, et capable de faire rentrer Albany dans le bon chemin avec elle, je me serais donnée de toute mon âme

à les réconcilier et à leur procurer une position. Mais vous voyez où j'en suis avec elle... Et, à propos de cela, il faut que je vous quitte, et que j'aille m'occuper d'elle; car je n'ai pas encore renoncé à l'amender un peu.

» Mademoiselle d'Estorade allait me quitter, en me disant toutefois de rester, parce qu'elle voulait ensuite me faire lire les dernières lettres de ma pauvre sœur relativement à la naissance de Sylvie, lorsque le père Bondois vint nous apprendre que la Julia était partie, partie pour de bon. Elle avait fait son paquet, loué un cheval, et, sans écrire un mot à mademoiselle d'Estorade, sans la remercier de rien, ni s'excuser, ni s'expliquer, elle a si bien disparu, que jamais plus, depuis quatre mois, personne n'en a entendu parler.

» La bonne Juliette s'en affecta. Moi, je lui fis mon sincère compliment d'être débarrassée d'une pareille croix, et je passai le reste de la journée auprès d'elle, à relire les lettres de Louise, à en parler avec bien des larmes, et à me prendre d'un grand amour, comme vous pouvez penser, pour ma nièce, la plus belle et la plus aimable enfant de la terre. Oh! vous la verrez, et vous l'aimerez aussi; car, à présent, nous la voyons assez souvent, Juliette et moi, ici à la campagne, sans que le monde en puisse jaser. Estorade est un pays perdu; où pas grand monde ne va. Nos bourgeois ont coutume de dire et de croire que c'est le plus vilain endroit de la France, parce que les chemins sont mauvais, et qu'il y a des rochers partout. D'ailleurs, à Estorade, la demoiselle est si aimée, si respectée, et si bien tenue en odeur de sainteté, comme elle le mérite, qu'il ne ferait pas bon venir faire aux paysans de chez nous une question sotte, ou une réflexion de travers sur son compte.

» Ici, ce serait bien autrement. Les malheureux l'aiment et la défendent; mais la bourgeoisie ne peut pas la souffrir. Les uns sont jaloux de sa fortune, les autres de sa vertu. Il y en a qui disent qu'elle est dans les eaux des jésuites, ce qui n'est point, dans le sens où on l'entend. J'en suis sûr à présent, moi! Il y en a d'autres, les femmes surtout, qui voudraient bien mettre leur mauvaise langue à l'ouvrage pour défaire sa bonne renommée. De tout ça, elle dit qu'elle se moquerait bien, si ce n'était de la religion, qui en reçoit toujours quelque éclaboussure, et de l'enfant, qu'elle voudrait élever dans les rayons du soleil, comme les images des saints. Aussi a-t-elle changé sa manière de vivre, afin de mettre sa conduite au grand jour, et de voir quelques amis, sans qu'on en remarque un en particulier. Aussi a-t-elle refait amitié avec ma sœur Hortense, madame Pitard, depuis qu'elle est sa voisine. Auparavant, Hortense demeurait à cinq lieues d'ici avec son mari. A présent qu'elles sont porte à porte, elles se fréquentent, et ça n'étonne personne, parce que l'on sait qu'elles ont été amies ensemble dans leur jeune temps.

» Mon beau-frère, qui n'a pas inventé la poudre, mais qui est un homme excellent; le docteur Fourchois, qui est le médecin des pauvres; le nouveau curé de la ville, qui est l'ancien curé de Morsaint, celui dont je vous ai parlé comme d'un homme instruit et porté à la tolérance; deux ou trois dames de la ville, très-charitables et *bonnes dévotes*, sans intrigue et sans jalousie; enfin moi et vous qui, à présent, serez des nôtres; voilà les personnes que mademoiselle d'Estorade reçoit au couvent dans son logement particulier, et à Estorade, où elle va souvent, et où elle reste quelquefois plusieurs jours de suite. Il arrive même que, le soir, quand la nouvelle bâtisse est fermée de ses planches et que les ouvriers sont partis, mademoiselle d'Estorade vient ici rendre visite à ma sœur, car elle ne peut pas aller dans une maison où il y a un café, et Hortense, qui le comprend bien, fait de bon cœur la moitié du chemin. Malgré que tout soit ici sens dessus dessous, on s'assoit sur la terrasse au fond du parterre, et on cause quelquefois jusqu'à dix heures du soir.

» Quand le docteur et le curé ne trouvent pas mademoiselle d'Estorade au couvent, ils savent la trouver ici, et ils viennent par cette porte du jardin des religieuses, qui n'a pas été supprimée, comme vous le voyez. De cette manière, nous nous rassasions de regarder et de caresser Sylvie, sans laquelle Juliette ne fait pas un pas. Hortense, qui amène aussi ses enfants jouer chez moi, est folle de cette petite. J'ai décidé Juliette à la mettre du secret, car Hortense est la discrétion même, et elle aimait tant Louise! Elle sait donc que ce que les autres ne savent pas et ne sauront jamais. Vous voilà averti. J'espère que, ce soir, vous serez là, car justement Juliette nous a fait dire qu'elle viendrait, et je serai content que vous lui disiez que, grâce à vous, je suis sur le chemin de la fortune.

Cet aveu, qui venait naïvement couronner le naïf récit de Narcisse Pardoux, me fit penser qu'il avait conçu quelque projet ou caressé quelque rêve de mariage avec mademoiselle d'Estorade. Il rejeta bien loin cette supposition.

— Non, non, dit-il, je ne suis pas si fou que de prétendre... Ne lui parlez jamais de ça! Ça gâterait tout entre nous. Je suis très-content comme je suis. On est ensemble, elle, ma sœur et moi, absolument comme autrefois à Estorade. Ça nous rajeunit tous trois de dix ans. Quant au mariage, c'est des folies! Elle est une demoiselle noble, et moi un ex-cafetier! ah bien, oui! ça n'irait guère ensemble!

— A-t-elle les préjugés de la naissance?

— Non, pas du tout : c'est une justice à lui rendre. Elle pense, comme l'Évangile, qu'on est tous, autant les uns comme les autres, les enfants du bon Dieu.

— Alors, où serait l'empêchement?

— L'empêchement... l'empêchement... est-ce que je sais, moi? Il y en a tant, que je ne sais lequel vous dire.

— La différence d'éducation?

— Eh bien, oui, d'abord! Elle est instruite, elle a des talents, elle est une dame du grand monde, elle! Ça se voit toujours sous son air simple et doux. Et moi, j'aurai beau faire, je ne serai jamais qu'un cafetier, très-peu clerc, comme disait mon père, et habitué à vivre avec les gens du commun.

— C'est possible; mais, en fait d'industrie, vous êtes extraordinairement intelligent, et, pour exposer une idée positive, vous rendriez des points à bien des gens plus lettrés.

Je disais la vérité. Narcisse parlait d'une façon familière et rustique. Peut-être eût-il craint de paraître prétentieux s'il eût fait autrement. Mais il écrivait si parfaitement bien, que j'eusse pu douter que ses lettres fussent de lui, si je n'eusse retrouvé dans son entretien, lorsqu'il abordait la question d'intérêt général, la même netteté d'expression et la même logique de raisonnement. Je me rappelais, par contre, que mademoiselle d'Estorade, tout en écrivant avec droiture et candeur, se servait d'une vieille orthographe qui n'était plus correcte, et que, dans sa conversation, elle m'avait paru très-peu apte aux connaissances exactes, et très-ignorante des choses positives. Elle était toute dans l'idéal et pas assez dans la

réalité. Sa fortune était mal gérée; elle s'en plaignait, voyant bien que ce qu'on lui volait était volé à ses bonnes œuvres; mais elle ne savait pas y apporter remède. Un mariage entre ces deux personnes m'apparaissait comme une alliance providentielle pour remédier, par la mutuelle influence, à ce qui manquait à chacune d'elles. Je suis pour l'égalité d'action de cette influence dans le mariage, et je n'augure jamais rien de bon d'une supériorité trop marquée chez l'un des époux. Celui qui domine se lasse souvent de son autorité tout autant que l'autre de son obéissance. Mais il ne faut pas que cette égalité d'influence ait le même but. A dose égale de force et d'intelligence sur les mêmes points, il y a lutte inévitable. Je trouvais dans l'opposition du caractère de Juliette et de Narcisse un équilibre excellent, chacun des deux étant, par un côté, supérieur à l'autre, et devant agir dans sa sphère sans avoir besoin d'empiéter, par la discussion, sur le domaine d'autrui.

Dans leurs personnes, je voyais le même accord résultant des mêmes différences : l'un, d'un type superbe, tendant à trop de développement dans la sève; l'autre, frêle descendante d'une race étiolée, qui avait besoin de se régénérer en se mêlant au sang plébéien. Et puis, je pensais au bien qu'un couple si probe et si dévoué devait faire autour de lui : Narcisse, actif pour activer le travail et la production; Juliette, active pour panser les blessures et soigner les fatigues du travail; l'un tout à fait propre à développer l'industrie qui répand le bienfait de l'aisance; l'autre tout à fait capable de moraliser l'ouvrier et de lui donner le pain de l'âme.

Je communiquai mes idées à Narcisse, peut-être un peu à l'étourdie, car je vis bientôt plus de tristesse que d'espoir dans son trouble. Il s'obstina à nier la possibilité d'une telle union, et je ne vins pas à bout de lui faire avouer l'obstacle intérieur contre lequel se brisaient, je ne dirai pas les rêves de son imagination, mais les élans de son cœur. Il aimait Juliette avec un respect si religieux, qu'il eût cru le profaner en la désirant, et la retenue de ses épanchements sur ce point fut si entière, que je me demandai si je ne m'étais pas toujours trompé en le supposant amoureux d'elle.

Je lui demandai s'il la trouvait toujours laide et bossue.

— Bah! bah! me dit-il, je sais bien qu'elle n'est ni l'un ni l'autre. C'était bon autrefois de dire ça quand on avait du dépit. Et puis, comme tout le monde le disait par envie et par méchanceté, j'étais assez sot pour craindre de dire et de penser autrement que les autres. Je craignais aussi, il faut le dire, les mauvaises plaisanteries, non tant à cause de moi qu'à cause d'elle; et j'aimais mieux dire tout de suite : « C'est une fille disgraciée, mais très-bonne, » que de faire venir des discussions et du dénigrement à propos de sa personne. A présent, j'aurais plus de courage. Je dirais... ce que je peux bien vous dire : c'est un ange que je ne vois pas marcher sur la terre. Peu m'importe comment elle est, un peu mieux, un peu plus mal que celle-ci ou celle-là. Je m'en soucie peu, puisque je n'en sais rien. Elle me paraît la plus belle du monde parce qu'elle est la meilleure du monde, et que, quand je la vois, je suis le plus content et le plus heureux du monde. Je l'aime autant et peut-être plus que mes sœurs. Voilà tout ce que j'en peux dire, et c'est assez. Quant à de l'amour, je n'oserais pas y penser; il lui serait tout à fait impossible de me le rendre, et je ne veux pas devenir sot et malheureux en me fourrant des idées comme ça dans la tête.

Je passai la journée à déballer et installer une partie de mon attirail dans une maison assez commode que Narcisse avait louée pour moi tout entière, à deux pas de celle qu'il se faisait bâtir. Je dînai avec lui et le consultai sur l'emploi qu'il désirait avoir dans l'entreprise. Il choisit l'un des plus modestes, et je dus céder, ayant la certitude que l'amour de la chose lui en ferait bientôt accepter un meilleur. Je n'avais pas l'intention de m'établir à jamais à la Faille-sur-Gouvre. Je comptais y faire venir ma famille pour quelques années tout au plus; après quoi, j'étais bien certain que Narcisse serait archicapable de me remplacer dans la direction des usines.

Il parlait de notre grand projet avec feu; mais il revenait toujours à mademoiselle d'Estorade.

— Elle sera bien contente, disait-il, de me voir dans une si belle position; elle est si bonne amie! Et, quand je serai riche, je serai content, moi aussi, de faire du bien et de l'aider dans celui qu'elle fait... Votre *dame* sera une société de plus pour elle. Voilà encore qui me fait plaisir.

— Ma femme sera son amie, lui dis-je; je vous en réponds, car elle en est digne.

A sept heures, nous nous rendîmes au jardin. Mademoiselle d'Estorade y était déjà avec Hortense et Sylvie, qui accourut au-devant de son ami Narcisse, avec de grandes démonstrations de joie. L'enfant était très-belle, en effet, et je remarquai en elle un grand air de famille avec le frère et la sœur Pardoux. C'était le même type blanc et frais, la taille bien prise et très-grande pour son âge, la voix douce et même un peu grêle pour la stature et la force de la petite personne, encore un trait de ressemblance avec Narcisse et madame Pitard.

Quant à mademoiselle d'Estorade, je fus aussi surpris de la métamorphose opérée en elle que je l'avais été en voyant Narcisse. Ce qui me frappa, ce fut le changement de son costume. En prenant le parti de ne plus se cacher, elle avait compris qu'il n'était pas question de se produire pour attirer les regards, mais, au contraire, de se rendre assez semblable aux autres femmes pour n'être pas un objet de surprise. Elle était donc très-simplement, mais très-élégamment habillée, nullement en provinciale. Je la soupçonnai d'avoir fait venir toute une toilette de Paris, pour n'avoir pas à s'occuper de ces détails, qui prennent trop de temps aux personnes actives. Mais je la soupçonnai aussi de n'avoir jamais perdu les instincts de la femme, car elle portait avec beaucoup d'aisance et de grâce son ample robe de soie gris de perle et son grand fichu de mousseline brodée. Sa taille, à l'aise dans un corsage bien coupé, n'avait plus rien de désagréable, et même on y pouvait découvrir un charme particulier: c'était l'attitude intéressante de la faiblesse qui semble chercher un appui. Elle avait toujours une voilette noire sur la tête, mais une voilette de dentelle, qui laissait franchement voir les boucles denses luxuriantes de sa chevelure dorée. Cette tête bouclée lui donnait toujours l'air d'un enfant. Pourtant, comme je l'examinais avec attention, les idées de mort prématurée qui avaient paru la préoccuper toujours, et particulièrement dans ses confidences à Narcisse, à propos de Sylvie, me revinrent à l'esprit.

Dans un moment où la petite réunion se forma par hasard en deux groupes séparés, et où j'avais renouvelé connaissance avec le docteur Fourchois, je mis la conversation sur le compte de sa cliente et l'amenai à me répondre sur un point essentiel: à savoir si, dans le parti que Juliette semblait avoir pris de renoncer au mariage, il y avait quelque raison pathologique.

— Aucune que je sache, me répondit-il; et même avec cette forme exiguë et ce teint délicat, elle est plus forte que vous et moi pour marcher, veiller et supporter toutes les peines de la vie qu'elle mène. Elle a traversé toutes les épidémies, allant chez les malades et ne prenant aucune précaution, sans être jamais atteinte. Pourtant, si elle me demandait conseil à l'endroit du mariage, j'hésiterais beaucoup. Il faudrait que je fusse bien sûr qu'elle doit être parfaitement heureuse en ménage: car, si elle est très-capable, selon moi, de résister aux crises de la maternité, elle ne l'est nullement de surmonter le chagrin. Je l'ai vue, à la mort de sa mère, dépérir de manière à m'inquiéter, et, quand elle est revenue au pays, à sa majorité, soit qu'elle eût vécu dans un milieu trop mièvre pour les habitudes de son enfance, soit qu'elle eût éprouvé quelque chagrin personnel que j'ignore, elle était retombée dans un état d'atonie assez peu rassurant. Ce qui l'a sauvée, c'est d'avoir une vie active avec le cœur tranquille. J'ai étudié sur elle les effets du mysticisme, et j'en suis venu à les croire souverains sur certaines organisations.

Ici le docteur entra dans une dissertation assez ingénieuse sur le besoin qu'éprouvent certaines âmes de s'attacher à un être insaisissable et de caresser sans cesse un rêve de perfection.

Le docteur n'était pas très-croyant. Pour lui, Dieu était un chiffre, un être de raison, un grand arcane, et l'amour humain envers cet être problématique, une sainte folie. Mais il admettait la réalité de cet amour et ses puissants effets. Persistant à donner improprement les noms d'ascétisme et de mysticisme à ce qui était tout simplement la foi, il accordait, en souriant, à cette faculté, des louanges raisonnées au point de vue philosophico-médical.

— Ce dieu que les âmes mystiques adorent, disait-il, est un époux sans tache, comme elles l'appellent, et c'est très-bien dit, car c'est un amant sans défaut et sans effets. A une femme impressionnable, nerveuse, et dont la sensibilité est trop développée, un tel amour n'apporte jamais de déceptions. Elle peut vivre dans sa passion exaltée avec la sérénité d'une fleur de lotus dans l'eau fraîche. Si vous changez la nature de cette passion, si vous lui donnez pour aliment un être matériel, par conséquent fragile, inégal, brutal ou capricieux, vous verrez bientôt que ces âmes sublimes n'ont pas la force de supporter la réalité, et, bien que le corps soit sain, il faut qu'il se brise sous la douleur sans bornes de l'esprit. Croyez-moi, ne souhaitons pas que mademoiselle d'Estorade se marie, ou trouvons-lui un ange, un saint, un esprit de lumière: c'est ce dont je ne me charge pas.

Il me sembla qu'en ce qui concernait mademoiselle d'Estorade, le docteur avait raison. Je la regardais à la lueur de deux bougies que Narcisse avait fait placer auprès d'elle sur une petite table, afin qu'elle pût voir le plan du nouveau parterre qu'il voulait faire exécuter devant sa maison, à la place du tertre et du kiosque. La soirée printanière était douce et calme. La lune, très-sereine, éclairait le visage de Juliette de teintes bleues qui se mariaient étrangement au ton rougeâtre projeté sur elle par les bougies. Ce visage transparent avait ainsi, par moments, un aspect de fantôme. A côté de la solide carnation et de la réelle beauté de madame Pitard, elle semblait flotter comme une vision. Cette illusion s'empara de moi au point que j'en fus effrayé. Ces mains diaphanes, ces cheveux fins et brillants comme de la soie vierge, cette peau satinée comme le tissu d'un lis, étaient, pour ainsi dire, invraisemblables chez une femme de trente ans qui avait vécu de labeurs et de dévouements actifs. C'est qu'en réalité, elle n'avait pas vécu. Elle avait glissé comme un souffle de grâce, comme un parfum subtil, entre le ciel et la terre, bénissant ce qui était sous ses pieds, mais n'aspirant qu'à ce qui l'appelait d'en haut.

Mademoiselle d'Estorade m'avait fait un accueil charmant. Elle ne s'expliqua pas auprès de ses autres amis sur l'origine de notre connaissance ; mais elle sut, à chaque mot, me faire comprendre qu'elle me regardait comme un ami sérieux, et qu'elle n'oubliait rien du petit roman qui avait commencé nos relations. Dans un moment où je me trouvais seul auprès d'elle, elle me demanda très-naturellement et avec beaucoup d'aisance si, par hasard, dans mes récentes tournées en province, j'avais rencontré Albany. Je ne pus rien lui en apprendre. Je n'avais pas été à Nantes, où il était engagé.

— Je suppose, lui dis-je, que vous avez quelquefois de ses nouvelles ?

Elle me répondit, sans trouble et sans détour, qu'elle en recevait souvent.

— Mais, ajouta-t-elle avec un sourire candide, ne dites pas cela à Narcisse ; il s'en tourmenterait.

— Vous le lui cachez donc ?

— Oui, en ce sens que je ne lui en parle pas ; car, s'il m'interrogeait, je ne voudrais pas mentir.

— Et vous espérez toujours ramener Albany dans la bonne voie ?

— Mais oui, sans doute. Il n'a pas revu Julia, il a mis de l'ordre et de la dignité dans sa conduite, et il fait son état avec conscience. Que voulez-vous que je lui demande de plus, puisqu'il n'est propre à aucune autre carrière que celle du théâtre ? Je ne suis pas de ceux qui damnent les comédiens, et je suis persuadée qu'on peut être honnête homme et chanter devant le public. Ses lettres sont, à présent, très-convenables, très-sérieuses. Il s'est acquitté envers moi, et je suis d'autant plus touchée de la reconnaissance qu'il me conserve, qu'il n'a plus du tout besoin de moi, matériellement parlant. Mais parlons de vous. Je me réjouis d'apprendre que vous devez faire séjour ici, et j'espère que vous serez des nôtres tous les soirs.

— Tous les soirs où je serai libre, car je vais être bien occupé.

Je lui appris alors que Narcisse allait bientôt me seconder, et qu'un très-bel avenir s'ouvrait devant lui. Elle s'intéressa beaucoup à notre entreprise, et se réjouit du bon résultat général pour les pauvres gens du pays, du résultat particulier pour son ami Narcisse, et elle me parla avec beaucoup plus d'affection et de vivacité qu'elle n'avait fait d'Albany.

D'autres personnes étaient arrivées par la porte du couvent (je n'ai pas besoin de dire que la palissade n'existait plus), la conversation devint générale. Je remarquai là, une fois de plus, combien le milieu d'une petite ville influe, à la longue, sur les esprits même les mieux trempés. A force de s'isoler des intérêts généraux, on l'on reste d'une cinquantaine d'années en arrière de la marche de l'humanité, ou on la devance d'autant, et, comme tout ce que l'on a sous les yeux a un caractère d'étroitesse inévitable, les gens qui ont du cœur et de l'imagination sont entraînés à se replier sur eux-mêmes

pour ne pas s'habituer à donner une importance ridicule à ceux qui n'en ont pas.

Là où je me trouvais, la médisance était inconnue, et, au sein d'une telle localité, c'était une grande exception, à coup sûr. Mais, comme on se tenait dans les généralités sur le compte des petits événements de l'entourage, les questions et les réponses échangées étaient incolores, et il y avait des réflexions insignifiantes et des silences qui semblaient dire : « Nous ne voulons pas avoir d'opinion, pour ne pas tomber dans le blâme ou dans le dénigrement. » Le docteur et le curé se mirent à discuter l'un contre l'autre. C'était leur habitude, et l'auditoire bienveillant semblait attendre, pour s'égayer, quelque peu de dispute vive qui n'arrivait jamais. Sans les enfants, cette réserve eût dégénéré en mélancolie. Mais ils venaient à propos interrompre la monotonie des idées et chercher des caresses où il semblait que ces personnes, privées d'autre effusion, missent plus de leur âme que les parents et les amis ordinaires.

Insensiblement, soit que le rayonnement intérieur de mademoiselle d'Estorade jetât des clartés douces sur cet ensemble assombri, soit que mon âme, fatiguée du tumulte et du mouvement, fût gagnée par le bien-être du repos intellectuel, je me trouvai fort à l'aise. Dès qu'en province on renonce à s'amuser, on ne s'ennuie plus. Cette placidité de l'habitude, cette langueur d'une intimité où les amis de tous les jours, n'ayant rien de neuf à se dire, ne se forcent plus pour dire quelque chose, ce laisser aller paresseux de gens qui ont fait leur petite tâche de la journée, et qui se permettent de végéter pour recommencer la même tâche le lendemain, un je ne sais quoi d'intime et de mystérieux comme l'eau qui coule sans murmurer, me pénétrèrent et assoupirent mes habitudes de réflexion. Je sentis la douceur de cette vie à émotions cachées ou lentement savourées, qui fait le charme des petites existences, et qui étonne tant quand on y entre, sans transition, au sortir de la fièvre de Paris.

Huit jours après, ma femme et mes enfants étaient installés à la Faille ; les Pardoux, Pitard, Fourchois et Cie, se réunirent tous les soirs chez moi. J'avais un assez grand jardin où les enfants pouvaient jouer et courir, et une maison qui nous offrait l'abri nécessaire, les jours de pluie. Comme tous ces enfants réunis étaient assez bruyants et qu'ils eussent fort troublé le silence du couvent, mademoiselle d'Estorade, pour ne pas les séparer, consentit à venir faire la veillée chez moi. Elle arrivait avec Sylvie à sept heures et se retirait à neuf. Quelquefois elle se laissait fléchir par la petite, quand les jeux étaient bien animés, et la veillée, avec nous, se prolongeait un peu plus ; mais, quelque instance qu'on lui fît, elle ne voulut jamais confier à personne le soin de reconduire la petite fille et de la mettre au lit, pour avoir la liberté de rester un peu plus tard avec nous.

Notre petite réunion s'augmenta bientôt de mes principaux employés et de leurs familles. Le curé venait assidûment faire sa partie de piquet avec le docteur. Le fils et la bru de celui-ci vinrent aussi prendre le thé de temps en temps, et leurs enfants arrivaient avant eux pour se retirer plus tôt avec ceux d'Hortense.

Tant que les enfants étaient là, on s'occupait d'eux, on faisait la police de leurs jeux et on leur en enseignait de nouveaux, auxquels on se mêlait naturellement. Quand ils étaient partis, on causait, les femmes travaillaient à l'aiguille, les hommes de la localité dérogeant, sous l'influence de ma femme et l'exemple de mes employés, à la mauvaise habitude de faire bande à part pour fumer dehors ou causer entre eux de choses que les femmes ne peuvent pas entendre.

Dans la journée, nous étions très-occupés, Narcisse et moi. Je l'initiais pratiquement aux connaissances nécessaires à son action directe dans notre œuvre. Les travaux marchaient rapidement. Nous enrôlions des bandes d'ouvriers; nous discutions avec tous les meuniers des bords de la Gouvre, qui s'inquiétaient de ce que nous voulions faire de leur eau, et auxquels il fallait expliquer et démontrer, souvent en vain, que, le lit de la rivière creusé et agrandi, ils en auraient davantage. Les curieux, les sceptiques, les railleurs et les envieux ne nous manquaient pas. On nous menaçait de beaucoup de procès iniques et absurdes, qui eussent pu être pour nous un grand moyen de retentissement et de succès. Mais nous voulions éviter la lutte, et Narcisse était l'homme par excellence pour soutenir ces discussions orageuses avec patience, et pour redresser ces terreurs erronées avec sa clarté ordinaire et son admirable bon sens. Parlant à chacun avec la connaissance approfondie qu'il avait de sa capacité, de ses intérêts, de son langage et de ses passions, il me devint d'un si grand secours, avec les paysans surtout, race têtue et matoise, mais facile à pénétrer, pour qui la connaît, et portée à la déférence pour les gens dont elle ne peut révoquer en doute la probité, que j'engageai notre administration à rétribuer largement, d'emblée, un associé si utile et qui nous épargnait tant d'ennuis et de temps perdu.

Quand on vit s'élancer sur leurs vastes fondations les premiers murs de nos usines, la confiance commença à venir, et l'on nous offrit plus de fonds qu'il ne nous en fallait. Mademoiselle d'Estorade n'avait pas attendu d'autre certitude que ma parole pour nous offrir ses terrains et les fonds qu'elle avait disponibles. Elle comprenait que l'avenir de la population était là, et elle parlait de faire construire à ses frais l'infirmerie des ouvriers et l'école gratuite pour leurs enfants. Je refusai son concours pécuniaire : ses intentions riches et nos intentions étaient bonnes; mais je lui attribuai, puisqu'elle voulait absolument nous aider de son zèle, la direction de nos futurs établissements de charité.

Je la voyais presque tous les soirs, mais sans être plus avancé, au bout de six mois, que le jour où je l'avais vue descendre, sans secousse et sans bruit, comme un oiseau de nuit aux ailes de duvet, les rapides sentiers de la Gouvre. Il y avait en elle un mystère impénétrable. Aimait-elle, pouvait-elle ou devait-elle aimer? Fallait-il s'en tenir, sans appel, au jugement du docteur sur son compte?

Cette âme, ravie dans la contemplation d'un monde meilleur, devait-elle passer sur nous sans jamais être des nôtres? Son immense bonté, sa tolérance inépuisable, sa réserve délicate et séante dans toute question d'application des principes religieux, semblaient laisser la porte ouverte aux projets que j'avais formés et qui me revenaient sans cesse, en dépit du calme plat de ses relations avec mon ami Pardoux.

Il l'aimait, à coup sûr, lui, sans passion inquiète, sans espoir, peut-être sans désirs formulés, mais avec un abandon complet de son âme, de sa volonté, de sa vie entière. Elle était pour lui un objet d'admiration et de déférence sans conteste, et, du moment qu'il la trouvait bien de rester en dehors de l'humanité, il n'avait plus, contre ce terrible parti pris, ni blâme ni plainte. Sylvie était

entre eux le lien sacré et l'arche d'inviolable réconciliation. Le respect de ce garçon était arrivé au point de ne vouloir pas savoir si Albany avait jamais existé, et si Juliette se souvenait de l'avoir jamais vu.

La manière dont leur vie s'était arrangée et comme clouée sur une situation inattaquable pour la malveillance, entretenait nécessairement le silence de l'un et la placidité de l'autre. Juliette, plus répandue que par le passé, car insensiblement les gens de la ville pénétraient dans mon intérieur, et elle ne paraissait pas éprouver le besoin de fuir les nouveaux visages, donnait pourtant, comme par le passé, toute sa vie aux pauvres, aux enfants et à Sylvie. Elle ne nous donnait chaque jour que deux heures d'une exactitude scrupuleuse, et, pendant ces deux heures, elle était toujours avec les enfants au moins autant qu'avec nous. Elle ne se mêlait jamais d'aucune conversation, et, pour avoir l'opinion ou l'avis d'une personne si modeste et si discrète, il fallait la questionner directement. Elle répondait alors sans embarras et sans arrière-pensée; mais, si la discussion s'établissait, elle n'insistait pas, et s'en tenait à son sentiment intérieur avec une obstination muette qui eût été exaspérante, si le sentiment n'eût été bon et juste. Mais on sentait en elle une idée fixe, peut-être une volonté inébranlable. Rien ne l'entamait, et je lui disais quelquefois, en riant, qu'on ne la détesterait pas à demi, si l'on n'était pas forcé de l'adorer.

Un jour, les Pitard vinrent me prier d'user de mon influence sur Narcisse pour le décider au mariage. Sa position était faite, et, dût-il ne pas devenir aussi riche que je le lui avais annoncé, la vente de son établissement et les produits agricoles de la Folie-Pardoux lui constituaient un petit capital fort honnête. Il avait passé la trentaine. En province, c'est être déjà vieux garçon. Les parents des filles à marier commençaient à s'impatienter contre lui. Des pourparlers, en manière de causerie, avaient lieu à ce sujet, chaque jour, chez les avoués et notaires de la ville. Des parents très-riches, et d'une bourgeoisie plus relevée que celle des Pardoux, avaient été jusqu'à dire : « Eh bien, et Narcisse Pardoux, il ne songe donc pas s'établir? » C'était bien significatif. Il n'en faut pas davantage, dans une petite ville, pour se faire comprendre. Narcisse recevait donc là des avances auxquelles il était bien maladroit de ne pas répondre; mais à toutes les remontrances de son beau-frère et à toutes les prières de sa sœur, il répondait :

— J'ai bien le temps, nous verrons ça plus tard; les cheveux ne me blanchissent pas encore.

Je promis de l'interroger, et voici ce qu'il me répondit :

— Mon cher ami, vous direz aux Pitard que j'y réfléchis. Il ne faut pas leur faire de la peine. Ma sœur s'inquiète et s'affecte, parce qu'elle croit que je me lancerai dans les grandes affaires et que je prendrai le goût d'aller vivre à Paris. Elle se trompe; je veux rester ici, j'y resterai. Mais, à vous, je dirai la vérité. Je ne veux pas me marier, je ne me marierai jamais.

Et, sans attendre mes réflexions, il ajouta :

— Pourquoi ferais-je moins pour ma nièce que mademoiselle d'Estorade, qui lui a sacrifié toute sa vie? J'adore cette petite; mais, si j'avais des enfants à moi, des enfants jaloux d'elle peut-être, une femme qui ne l'aimerait pas... qui sait si j'aurais l'énergie d'être pour elle tout ce que je dois être? Non, non, c'est décidé, je resterai garçon, et je serai le père de Sylvie. Juliette ne serait pas tranquille, j'en suis sûr, si elle me voyait marié, elle qui se figure toujours qu'elle ne doit pas vivre longtemps. C'est une songerie qu'elle a comme ça; mais, n'importe, je veux qu'elle ait l'âme en paix, et j'assurerai si bien mon avoir à notre petite, que Juliette pourra refaire son testament à son idée, et donner tout aux hospices, si c'est son plaisir.

— Ainsi, lui répondis-je, voilà deux existences sacrifiées pour que celle de cet enfant soit assurée? C'est pousser trop loin le dévouement, permettez-moi de vous le dire. Sylvie peut être très-bien élevée, très-riche et très-protégée, sans que deux personnes de mérite, et encore très-jeunes, renoncent aux joies et aux devoirs de la famille. Quant à Juliette, si c'est un besoin d'enthousiasme, une secrète manie qui la possède, nous n'y pouvons rien. Mais, quant à vous...

— Moi, moi!... j'ai aussi ma manie et peut-être mon enthousiasme... Qu'en savez-vous? Qu'en sais-je moimême? L'idée du mariage me répugne; ne m'en parlez plus.

Je jugeai bien inutile de chercher à lui faire avouer sa passion pour mademoiselle d'Estorade. Il s'en fût défendu comme de coutume, et je voyais, dès lors, assez clair au fond de son cœur pour n'avoir pas besoin de le confesser.

Je résolus de faire enfin une tentative auprès de Juliette. Elle me paraissait devoir à un amour si fidèle et si résigné le sacrifice de ses instincts ascétiques; car, pour le coup, le mot du docteur était juste. Il semblait qu'elle eût embrassé le célibat, non-seulement pour se consacrer à la charité, mais encore pour se soustraire systématiquement à la vie commune. En cela, je la trouvais dans le chemin de l'exagération, par conséquent de l'erreur.

Elle partait le surlendemain pour passer la journée à Estorade. Je lui demandai de m'y recevoir avec ma femme. J'avais donné le mot à celle-ci, qui sortit avec les enfants, et nous laissa seuls ensemble.

J'avais préparé un préambule plus ou moins ingénieux, qui fut tout à fait inutile. Juliette m'interrompit dès les premiers mots.

— Oui, oui, dit-elle, je vous entends, je vous vois depuis longtemps; vous voulez que je me marie avec Narcisse!

— Eh bien, c'est donc là une idée absurde et révoltante?

— Non, certes; car ç'a été mon idée aussi quand le secret de la naissance de Sylvie lui a été révélé. Quand j'ai vu qu'il aimait réellement cette enfant, et quand j'ai compris... ce dont je m'étais toujours doutée, qu'il m'aimait aussi, qu'il m'avait toujours aimée, j'ai pris la résolution de faire tout mon possible pour m'amener moi-même à l'épouser. Cela vous étonne, je le vois!

— Oui, sans doute. Tout en vous est énigme ou mystère. Eh bien, cette bonne pensée que vous avez eue?...

— N'a pas pu se réaliser. Je vous jure que ce n'est pas ma faute, que j'estime cet homme et que je l'aime comme mon frère; que je me suis dit tout ce que vous pourriez me dire, et que, puisque je ne me suis pas reconnue assez sainte ou assez forte pour être religieuse, je regardais comme un devoir de me marier. Ne croyez pas que je me fasse d'illusions sur mon genre de vie : il est égoïste. J'ai beau paraître me sacrifier aux bonnes œuvres, je ne fais là qu'une chose facile, à laquelle mon activité naturelle et mon goût pour la liberté d'action trouvent leur

compte. Secondée comme je le suis, à présent que j'ai organisé les secours et les soins à donner aux malades et aux pauvres, tranquille sur ma maison d'éducation, qui est en bonnes mains et marche d'elle-même, j'aurais, certes, le temps d'être mère de famille, sans négliger mes autres devoirs, qui se bornent à une surveillance générale.

— A merveille! voilà des raisonnements fort justes, et vous avez le droit d'être heureuse pour votre compte!

— Heureuse? Cela m'est égal. Je n'ai jamais prétendu au bonheur, moi! De quel droit? Mais je reconnais que Narcisse est une si excellente créature, qu'il a ce droit-là. Eh bien, il y renonce, parce qu'il ne peut aimer que moi : il se condamne à la solitude plutôt que de tromper une femme. Oui, oui; je sais qu'il veut rester garçon. Hortense me l'a dit, comme elle vous l'a dit. Elle m'engage aussi à lui conseiller le mariage; elle ne se doute pas du motif de ses refus. Et moi, je ne peux pas dire à Narcisse de se marier, parce que, malgré lui peut-être, il me ferait entendre la vérité. Je ne veux pas avoir l'air de le savoir; mon silence le blesserait, et, s'il s'expliquait complétement, mon refus le mettrait au désespoir. Je compte sur le temps, qui guérit tout. Vous voyez que ce que nous disons là ne peut que lui faire beaucoup de mal, et vous ne l'en informerez pas.

— C'est donc à dire que vous ne l'aimez pas?

— Je l'aime tendrement, sincèrement; mais je ne peux pas être sa femme.

— Pourquoi?

— Je n'en sais rien; mais tout mon être se révolte à cette idée. Je me la suis imposée cent fois déjà. Je m'en suis fait un devoir. J'ai prié Dieu de m'aider à l'accomplir. J'ai été au moment de vous écrire que j'étais décidée. Et puis, tout à coup, une voix intérieure me dit : « Non, non, non! » Et je me débats, et je me décourage. J'ai la certitude qu'à peine aurais-je dit oui à Narcisse, mes larmes couleraient devant lui, et une immense douleur s'emparerait de moi, de lui par conséquent.

En parlant ainsi, mademoiselle d'Estorade pâlit, et je vis qu'elle faisait, en effet, de douloureux efforts pour ne pas pleurer devant moi.

— Juliette! Juliette! m'écriai-je en lui saisissant la main; vous en aimez un autre!

Sa figure changea soudainement et prit une expression de fierté blessée que je ne lui connaissais pas.

— Ce que vous dites là est mal, dit-elle en essuyant à la dérobée deux larmes brûlantes. Si ce que vous soupçonnez était vrai à mon insu, vous seriez bien cruel ou bien imprudent de chercher à m'en convaincre! Et si, au contraire, c'est une rêverie qui vous passe par la tête, c'est mal récompenser ma confiance et ma sincérité que de me persécuter, comme autrefois Narcisse, de cette singulière fantaisie!

Je devais me le tenir pour dit. Juliette voulait garder, quel qu'il fût, le secret de son cœur ou la perplexité de son esprit. Je lui demandai pardon de l'avoir affligée. Elle revint aussitôt à son aménité ordinaire, et, bien certaine que j'userais prudemment de ses confidences dans l'intérêt de Narcisse, elle me proposa d'aller rejoindre ma femme et les enfants au jardin.

Sans rien confier à Narcisse de ce qui venait de se passer, j'essayai de le détourner de ses projets de célibat; mais ce fut bien inutile. Il n'y avait aucun espoir à lui ôter, puisqu'il n'en avait aucun. Son parti était pris, et le

calme apparent de ses relations avec mademoiselle d'Es
torade n'en fut pas troublé.

Il me sembla pourtant que celle-ci faisait d'abord son
possible pour se faire oublier. Pendant quelques jours,
elle eut des prétextes pour ne pas venir aussi régulière-
ment chez nous, ou pour n'y rester que peu d'instants.
Une fois, elle parla de voyager, d'aller en Italie pour je
ne sais plus quels intérêts matériels ou spirituels de sa
communauté à débattre auprès du pape. Narcisse, qui
avait tenu bon contre les premiers essais de refroidisse-
ment, perdit courage, et lui laissa voir tant de chagrin,
qu'elle y renonça. J'espérai encore, en voyant qu'elle se
préoccupait sérieusement des souffrances de son ami,
qu'elle en souffrait elle-même, et qu'une sorte d'agitation
intérieure était entrée dans sa vie. Mais, tout à coup, par
suite de je ne sais quelles réflexions nouvelles, elle reprit sa sérénité, et le calme plat sembla être revenu chez
tous deux pour toujours.

Tant de travail nous était imposé, à Narcisse et à moi
que ces émotions secrètes ne pouvaient remonter qu'en
de courts moments imprévus à la surface de notre existence. C'est ce qui m'explique, maintenant que je la ra-
conte, comment une situation si tendue et si délicate put
se prolonger encore pendant plus de trois mois sans amener un déchirement. Il n'en eût pas été ainsi dans un
autre milieu ou dans d'autres circonstances; ou bien encore la raison en était dans cette muette persistance des
sentiments et dans cette temporisation continuelle de la
volonté qui caractérisent les provinciaux.

VIII

Un soir d'hiver que nous étions réunis au salon autour
d'un bon feu, on vint me dire tout bas qu'un voyageur,
qui ne voulait pas dire son nom, demandait à me parler.
J'allai le trouver dans mon cabinet.

Je vis un grand jeune homme pâle, étoffé dans un vêtement cossu, les cheveux courts plaqués aux tempes,
l'air digne et cérémonieux. Il parla, et je reconnus Albany, l'ex-débraillé, métamorphosé en homme riche ou
rangé.

Il entra en matière sans embarras, bien qu'il m'avertit
qu'il avait une communication très-délicate à me faire.

— Je sais, monsieur, dit-il, par mademoiselle d'Estorade, que vous êtes son ami le plus sérieux et le plus
dévoué. Ses lettres m'ont mis à même de connaître la
confiance qu'elle a en vous, et, sans bien comprendre
comment elle a été amenée à vous parler de moi, je sais
que je ne vous apprends rien de nouveau en vous disant
que de longues et anciennes relations d'estime et d'amitié réciproques existent entre nous.

Il s'aperçut, mon attitude et à ma physionomie, que
je trouvais déplacée et inexacte cette manière de s'exprimer. Il n'en parut pas troublé.

— Si, comme je le crois, poursuivit-il, vous savez tous
les détails de cette liaison, vous devez reconnaître qu'a-
près une vie assez déraisonnable, j'ai fait, grâce aux
bons conseils et à la fidèle assistance morale de *Juliette*

(ici, je fronçai le sourcil), de meilleures réflexions. Je me
suis soumis, bien en vain, à une famille inexorable qui
m'a repoussé, et, de guerre lasse, je suis retourné au
théâtre, où je n'ai pas eu la position que j'avais le droit
d'ambitionner. Et, pourtant, j'ai accepté un rôle infime
dans les arts. Je chante depuis plus d'un an dans une
mauvaise ville de province où, à force de patience et de
résignation, je me suis mis à même de me faire estimer
de mes amis et respecter de mes ennemis. Or, voici,
monsieur, ce qui m'arrive aujourd'hui et ce que je confie
à votre honneur.

» Une veuve riche, jeune et belle, s'est prise de passion
pour votre serviteur, un peu malgré lui; il doit l'avouer;
car il avait, pour s'abstenir de liaisons sérieuses, des raisons qu'il vous dira plus tard.

» Bref, cette veuve veut m'épouser, à la condition que
je quitterai le théâtre, et, comme je n'ai qu'un mot à dire
pour fixer mon sort, je viens vous consulter.

— Moi? répondis-je assez étonné. Je ne vous connais
pas assez pour avoir une opinion sur votre compte. Je
ne vous ai jamais entendu chanter, et, à supposer que,
je fusse un bon juge, j'ignore encore si vous avez assez
de talent pour regarder comme un sacrifice réel ce que
l'on exige de vous.

— Il ne s'agit pas de cela, monsieur, reprit-il. Quant à
renoncer aux planches, du moment que je serai à même
de payer toutes mes dettes, mon parti en est pris. Les
arts n'existent plus en France. Les artistes n'ont qu'à se
voiler la face, à mourir ou à se marier.

— Est-ce que par hasard vous auriez été *chuté* à Nantes?

— Tout au contraire, j'y ai un immense succès, et j'y
passe pour un très-grand homme; mais à Nantes!...
Enfin, monsieur, si je viens vous consulter, c'est uniquement en vue de mademoiselle d'Estorade.

— Allons au fait; je ne conçois pas comment le nom
de mademoiselle d'Estorade se trouve mêlé à vos projets.

— C'est que vous faites semblant d'ignorer ce que je
n'hésite pas à vous dire : c'est que mademoiselle d'Estorade m'aime depuis dix ans.

— Vous *aime*?...

— Oui, monsieur, d'un amour pur et chaste, mais te-
nace et profond. Toutes ses démarches pour me sauver
de la misère et des embarras où j'étais tombé par ma
faute, tous ses sacrifices... que je reconnais sans honte,
parce que je me suis fidèlement acquitté envers elle;
toutes ses lettres, d'une tendresse angélique et d'une ma-
ternelle bonté, m'ont ôté le droit de croire, sans être
fat, qu'elle m'avait aimé dans le passé, qu'elle avait renoncé au monde à cause de cet amour malheureux,
qu'elle m'aimait encore en dépit d'elle-même, et que, par
conséquent, elle ne verrait pas mon mariage sans douleur. Or, comme je suis un noble cœur et un honnête
homme, je suis résolu à renoncer aux plaisirs et aux avantages de cet établissement si elle-même ne me le conseille. Et, comme la chose est très-délicate, en outre très-
pressée (on m'a mis au pied du mur pour prendre une
décision dans la semaine), j'ai pensé que, par correspondance, je n'aurais pas la vérité sur les sentiments
secrets de Juliette. Je suis donc venu m'adresser à un
tiers, afin de n'être pas abusé par la fierté ou la résignation du style épistolaire; et si, après une explication sincère et complète, que je vous prie d'avoir avec elle, vous
pouvez m'affirmer qu'elle se sacrifie sans trop d'effort à
mon bonheur, je retournerai me marier sans l'avoir revue, puisqu'elle ne veut, sous aucun prétexte, me rece-

voir, mais du moins en emportant son pardon ou sa bénédiction. Sans cela, monsieur, il n'est pas de bonheur pour moi, et je renoncerais à la fortune d'un prince, aux caresses d'une houri, même à la gloire de l'artiste, qui a été mon plus beau rêve, plutôt que d'être ingrat envers la plus patiente, la plus miséricordieuse et la plus fidèle des amies.

C'étaient là de bons sentiments, et ils étaient sincères. Seulement, je les trouvais associés à un orgueil insensé, peut-être à une fatuité démesurée.

— Tout cela est fort bien pensé et raisonné, lui dis-je. Certes, il vaut mieux renoncer à tous les biens de ce monde que de briser un cœur généreux, et, puisque vous avez la notion du devoir et de la reconnaissance, je suis certain que vous ne seriez jamais heureux avec un pareil remords. Mais permettez-moi de vous dire, d'avance, que vous prenez trop de souci. L'âme de mademoiselle d'Estorade est placée à une hauteur de religion et de dignité qu'aucune résolution de votre part ne saurait compromettre. De sa part, je crois pouvoir, dès à présent, vous dire que vous êtes libre, qu'elle se réjouira avec bonté de tout ce qui pourra vous arriver d'heureux, et que vous avez complétement rêvé des sentiments qui ne sont pas les siens.

Albany garda un instant le silence.

— Oui, je le vois, reprit-il avec hauteur, je vous fais l'effet d'un sot?

— Non, monsieur, mais d'un présomptueux.

— Alors, il faut que vous preniez connaissance des lettres qui m'ont été écrites depuis trois ans.

— Je les reçois, répondis-je en m'emparant du paquet qu'il me présentait, mais non pour les lire. Quelles que soient les expressions, je m'en tiendrai à l'interprétation que leur donne mademoiselle d'Estorade, et c'est uniquement pour lui restituer ces lettres que je les accepte. Vous y consentez certainement; un homme d'honneur, comme vous, ne garde jamais, à la veille du mariage, même les témoignages du plus simple intérêt, quand ils sont signés d'un nom respectable.

Albany n'hésita pas un instant, je dois le reconnaître.

— Oui, certes, monsieur, dit-il; c'était là mon intention, et c'est pour cela aussi que j'ai fait le voyage. Ce que vous prononcez sur la nature des sentiments de mademoiselle d'Estorade est fait pour me tranquilliser. Pourtant je dois à ma conscience de rester deux ou trois jours dans cette ville pour savoir le résultat de votre entretien sur mon compte. Si Juliette prend bien la chose, je lui écrirai une dernière fois, car la personne que je dois épouser est fort jalouse, et, pour ne pas exposer Juliette à des désagréments, je sais que je dois cesser toute correspondance. Maintenant, monsieur, me permettez-vous de venir chercher votre réponse dans trois jours?

— J'irai vous la porter moi-même et vous rendre votre visite. Où logez-vous?

— A la Tête-d'Or.

Quand je rentrai au salon, on jouait aux petits jeux avec les enfants. On tirait les gages. Sylvie, avec la candeur de son âge, exigeait que son ami Narcisse embrassât la demoiselle.

Or, la demoiselle n'était jamais embrassée par personne, vu qu'elle n'avait jamais de gages. Méfiante à l'excès du résultat, elle n'avait pas de distractions au jeu. On en était donc à ce débat, Narcisse prétendant, avec beaucoup de bonhomie et point d'émotion apparente, que la demoiselle n'était pas en pénitence, et que, quant à lui,

ce n'en serait pas une d'embrasser une personne qu'il aimait beaucoup.

L'enfant s'obstina.

— Eh bien, dit-elle, pourquoi me donnes-tu souvent pour pénitence de t'embrasser, toi? On envoie les autres enfants embrasser leur papa et leur maman; je veux que tu embrasses la demoiselle!

— Cela ne se peut pas, reprit Narcisse; on n'embrasse pas les personnes à qui l'on doit le respect.

— Ça n'est pas vrai, répliqua Sylvie; moi, j'embrasse la demoiselle, et j'embrasse aussi M. le curé.

— Vous verrez, dit le curé en riant, que Narcisse va être forcé tout à l'heure de m'embrasser aussi!

— Mais, au fait, dit alors M. Pitard, qui ne se doutait de rien, pourquoi Narcisse n'embrasserait-il pas la demoiselle? Quel mal y trouvez-vous, monsieur le curé?

— Moi? dit celui-ci. Aucun. Ça m'est fort égal!

Et il reprit sa partie de piquet.

— Voyons, Narcisse, dit alors mademoiselle d'Estorade d'un ton singulièrement résolu, embrassez-moi donc, pour que je n'aie pas l'air d'une prude. Nous n'y faisions pas tant de façons du temps que nous avions l'âge de ces enfants!

Narcisse ne s'attendait pas à cette avance. Il se troubla si complétement, qu'il fût devenu très-ridicule, sans mon intervention. Je poussai une table de jeu qui tomba avec deux flambeaux; les femmes, surprises par ce fracas, crièrent; on crut que je m'étais fait mal; le jeu fut interrompu et l'incident oublié.

Peu d'instants après, Juliette se retira. Je la suivis, et, la rejoignant dans la rue, je la priai de me recevoir sur l'heure au couvent, pour affaire pressante.

Je ne voulais pas remettre au lendemain l'explication. Je craignais que le hasard ne lui fît rencontrer Albany dans la ville, avant d'être informée du motif de sa présence.

Dès que Sylvie fut couchée, je m'acquittai de ma mission, d'abord avec ménagement, et bientôt avec toute franchise, car mademoiselle d'Estorade ne manifestait d'autre émotion qu'un peu de surprise et de curiosité.

Mais, quand je lui eus rapporté les termes dont Albany se servait pour qualifier l'intérêt qu'elle lui avait témoigné, elle retrouva ce visage froid et ce sourcil contracté que je lui avais déjà vus une fois.

— Voilà qui est ridicule et misérable! dit-elle en m'interrompant avec une certaine impatience; vous me donnez votre parole d'honneur qu'il vous a dit textuellement ces choses en vous parlant de moi?

— Je vous la donne, et je le jure encore par mon affection pour vous.

— Je veux, reprit-elle, que vous lisiez mes lettres, toutes mes lettres! Prenez-en connaissance, ce soir ou demain matin. Vous les brûlerez ensuite. Ou plutôt... non! gardez-les! Il se peut qu'un jour Narcisse soit content de les lire aussi, car, lui aussi, n'a pas cessé d'être inquiet, bien qu'il ait eu la délicatesse de ne pas me le dire. Brave et honnête homme! Quelle différence!

— J'aime à vous entendre parler ainsi. Un jour viendra où vous l'aimerez comme il le mérite.

— Hélas! non, mon ami; ce jour ne viendra pas.

— Juliette! Juliette! quelle étrange créature êtes-vous donc? m'écriai-je, impatienté et presque irrité contre elle. Vous avez au fond de l'âme je ne sais quel sentiment invincible pour je ne sais quel être réel ou imaginaire; et pourtant, ce soir, vous vouliez recevoir un bai-

ser d'un homme que vous n'aimez pas et que vous savez
éperdument amoureux de vous. Ce serait là une pecca-
dille, peut-être, de la part d'une femme étourdie; mais
vous, il ne vous est pas permis d'oublier un instant combien votre vie sérieuse a rendu sérieuse la passion que
vous inspirez.

— Hélas! que voulez-vous! répondit-elle en rougissant.
Je vais vous parler comme à un confesseur. Je voulais
tenter une épreuve sur moi-même en ce moment-là. Oui,
c'est une idée folle qui m'était venue tout à coup. On
parle de l'empire des sens sur les secrets sentiments de
l'âme, de certains troubles qui en changent la nature, et
d'innocentes caresses qui peuvent soudainement nous
faire passer de l'amitié à l'amour. L'austérité de la vie
cloîtrée comporte tout un règlement, qui, vous l'avez vu,
va nous défendre d'embrasser une femme et de
nous laisser toucher la main par un homme; c'est nous
dire que le plus chaste contact est dangereux, que la plus
innocente familiarité cache un abîme. Je souriais de ces
exagérations, tout en m'y soumettant pour ne scandaliser
et n'étonner personne. Mon être était si tranquille ! Il l'a
toujours été. Voilà pourquoi, moi qui ne sais rien des
passions, j'aurais de bon cœur livré mon âme à une
émotion quelconque, qui m'eût fait envisager avec joie
l'idée d'être la compagne de mon meilleur ami!

L'étonnante naïveté de mademoiselle d'Estorade me fit
sourire. Il devenait bien évident pour moi qu'elle était
aussi enfant que la petite Sylvie. Mais une chose m'éton-
nait encore plus, c'est qu'avec tant d'ingénuité, elle regardât comme une nécessité de partager l'amour de Narcisse pour s'unir à lui. Une personne si soumise à des
principes austères avait-elle besoin d'entraînement et
d'enthousiasme? Ne lui suffisait-il pas d'accomplir un devoir de conscience pour se trouver heureuse? Et,
d'ailleurs, ne m'avait-elle pas dit cent fois qu'elle ne
s'occupait jamais de son propre bonheur, mais de celui
des autres?

Je lui rappelai ses propres paroles, et elle sourit mysté-
rieusement, en me répondant qu'elle n'était ni si sublime
ni si niaise que je la croyais.

— Je ne connais pas l'amour, me dit-elle, mais je le
crois nécessaire dans le mariage. Je sais, par ma mère,
que l'on est très-malheureux quand on l'éprouve sans
l'inspirer. Narcisse serait donc à jamais à plaindre si je
l'épousais sans l'aimer d'amour.

— Mais que savez-vous si vous ne l'aimez pas ainsi?
Qui vous a rendue assez savante pour distinguer l'a-
mour de l'amitié?

— Personne ne m'a rendue savante sur ce point, répondit-elle. Mais apparemment la femme la plus ignorante a un instinct qui l'éclaire. Je sens que je n'ai pas
d'amour; et, pour en revenir à Albany, je tiens beaucoup à lui prouver qu'il s'est trompé sur mon compte.
Entre nous soit dit, ceci m'affecte et m'offense, qu'un
homme que j'estimais tout au plus, et à qui je croyais
tendre la main pour l'attirer vers moi, se soit imaginé
planer sur ma pensée et qu'il se dise le maître de mon
cœur et de ma vie. Vous aviez bien raison, Narcisse et
vous, de me reprocher cette correspondance, et j'arrive
à en rougir comme d'une faiblesse coupable. Tenez, mon
ami, je voudrais revoir cet homme devant vous et devant
Narcisse. Je ne puis souffrir qu'il emporte l'idée que je le
pleure et que je me combats moi-même pour voir son mariage sans jalousie !

J'hésitai à répondre. Je demandai à n'avoir d'opinion

sur ce projet qu'après avoir lu la correspondance. Juliette me remit toutes les lettres qu'elle avait reçues, et je
les emportai avec celles qu'elle avait écrites.

Tout cela n'était pas très-volumineux. Je passai néan-
moins la nuit à le lire attentivement, pesant chaque
expression de Juliette, cherchant à deviner chaque pensée d'Albany.

Quand j'eus fini, je regardai Albany comme un sot,
d'oser croire ouvertement à l'amour de mademoiselle
d'Estorade pour lui, et de confier à un tiers le cas de
conscience dont il se tourmentait. Comme il n'est de
parole et de phrase dans aucune langue humaine qui ne
soit susceptible d'un sens caché, il est bien certain qu'on
pouvait voir, dans la généreuse et charitable sollicitude
de Juliette, un amour qui se voile ou qui s'ignore lui-
même; mais, pour y trouver ce sens-là de préférence à
l'autre, il fallait avoir le culte aveugle de soi-même. Il
fallait être trois fois vain; il fallait être Albany, en un
mot.

Il était beaucoup plus facile de voir dans ses lettres, à
lui, percer, à chaque mot, cette vanité outrée, sous des
semblants de modestie. Là, je m'étonnai du manque de
pénétration de mademoiselle d'Estorade. A sa place, je
ne me fusse jamais donné la peine de répondre et de
discuter de bonne foi avec lui comme avec une personne
sérieuse. La seule crainte que je pusse garder, jusqu'à
un certain point, sur la nature des sentiments de Juliette,
venait donc surtout de l'illusion qu'elle avait nourrie sur
le compte de cet homme. N'y avait-il pas eu, de la part
de cette sage personne, un peu de coquetterie épistolaire?
Ses lettres étaient pourtant simples et concises. On n'eût
pas pu les citer comme des modèles de grâce et de finesse
féminine. On y sentait l'habitude invétérée et rigide du
détachement de soi-même. C'est peut-être là ce qui avait
abusé Albany. Il n'avait pas compris des phrases comme
celle-ci, par exemple : « Ce n'est pas de moi qu'il s'agit,
c'est de vous, » et que l'on devait sans aucun doute tra-
duire ainsi : « Je ne vous permets pas de regarder dans
mon âme et dans ma vie; il s'agit de vous examiner
vous-même. » Tandis qu'à ses yeux, il fallait apparemment lire : « Je vous préfère à moi-même. »

Les lettres d'Albany, très-développées, pleines de dis-
sertations musicales assez fortes, et de mélancolies ro-
mantiques assez bien tournées, avaient bien pu éblouir
une personne qui avait connu un monde plus relevé que
son milieu actuel, et qui éprouvait les besoins de l'intelligence. J'ai déjà dit et je répète que, quand Albany oubliait de parler de lui-même, il était intelligent, spirituel
même. En outre, il avait l'âme honnête et des élans de
fierté sincère. Ce n'en était pas moins, selon moi, un
artiste manqué et un homme médiocre, à cause de son
caractère irrésolu, trop facile à entraîner, trop facile à
ramener, trop amoureux de sa propre cause, trop con-
fiant dans ses propres forces, trop prêt, en toute occasion,
à faire bon marché du dévouement des autres et à le
considérer comme un hommage dû à son génie.

Comme je connaissais déjà les lettres qui avaient pré-
cédé la première explication de Juliette avec Narcisse et
avec moi, dans les rochers de la Gouvre, je m'attachai à
bien peser celles qu'Albany lui avait écrites depuis cette
même époque. Elles étaient beaucoup moins exaltées. Il
semblait qu'il eût fait alors cette prétendue découverte
de l'amour de mademoiselle d'Estorade pour lui, et qu'il
craignît de l'encourager par trop de reconnaissance; ou
bien peut-être encore s'était-il cru tout à fait réhabilité à

ses propres yeux, pour avoir fait cette chose si simple de quitter Julia, grâce à mademoiselle d'Estorade, et d'avoir rendu à ces deux femmes l'argent qu'elles lui avaient prêté. Il est certain que beaucoup d'autres artistes vagabonds ne l'eussent pas fait ; mais, pour lui qui était né dans un milieu honorable et qui avait reçu une bonne éducation, il n'y avait réellement pas grand mérite.

Quelle qu'en fût la raison, cette nouvelle série de lettres était d'un tout autre ton que la première. Tout le mauvais passé de l'artiste paraissait effacé de sa mémoire. Il recommençait à parler de lui comme d'un homme supérieur méconnu, et semblait traiter d'égal à égal avec mademoiselle d'Estorade. Ceci me parut choquant. Je l'aimais mieux faisant de l'enthousiasme et l'appelant sa sainte et sa patronne, que lui écrivant sans façon *ma chère sœur* et *mon amie*. Juliette, en souffrant cette familiarité, avait été d'une indulgence trop chrétienne. Elle n'avait pas été assez femme, c'est-à-dire assez prudente et assez fière. Mais, en résumé, si elle avait eu pour lui, dans le secret de son âme, un peu de faiblesse, elle ne s'était jamais trahie ; et Albany restait, a mes yeux, un impertinent de se croire adoré.

J'allai la trouver, le lendemain, et fus fort de son avis qu'elle devait voir Albany en ma présence, et lui montrer, par sa tranquillité, combien il s'était mépris.

— Je veux, me répondit-elle, que ce soit aussi en présence de Narcisse.

— Il faut alors, repris-je, que ce soit aussi en présence de tous nos amis, afin que, dans le cas où Albany aurait ici d'autres confidents que moi, plusieurs personnes fussent à même de constater qu'il s'est ridiculement vanté.

Nous convînmes de nos faits, et je me rendis sur-le-champ à l'hôtel où Albany était descendu. Je l'y trouvai, déjeunant seul dans sa chambre. Il s'était véritablement rangé ; il ne se montrait plus à toute heure dans les villes de province, et tenait à distance les flâneurs, avec lesquels il avait autrefois beaucoup trop frayé. Il n'entrait plus dans les cafés et ne jouait plus au billard. Il ne lorgnait plus les dames et n'embrassait plus les grisettes. C'était un tout autre homme. Il n'avait encore fait, à la Faille, qu'une visite, et c'était au docteur Fourchois, pour lui porter un petit présent et le remercier de ses soins. Il parlait déjà en homme établi qui a une fortune, une mission, un rang à occuper dans la société.

— Je pense, lui dis-je en souriant, que vous avez fait confidence au docteur de votre nouvelle position ?

— Non, monsieur, répondit-il ; je n'ai pas encore de position matrimoniale. Tant que je n'y serai pas autorisé par mademoiselle d'Estorade, je ne ferai part à personne d'un projet dont elle peut empêcher l'exécution.

— C'est pousser trop loin la déférence, repris-je d'un ton sérieux. Mademoiselle d'Estorade en a été surprise. Elle ne se savait pas votre amie à ce point-là. Vous pensez bien que je n'aurais jamais osé lui dire l'étrange interprétation que vous avez donnée à ses lettres. Elle doit l'ignorer ; elle en serait peut-être offensée, et votre intention n'est pas de la remercier par une impertinence de l'intérêt qu'elle vous a témoigné.

— Ainsi, vous ne lui avez pas dit ma pensée? s'écria Albany. Eh bien, vous avez eu tort. Elle ne doit pas ignorer que mon dévouement ne reculerait devant aucun sacrifice.

— Je le lui ai dit ; elle le sait ; mais je vous répète qu'elle s'en étonne. Elle se demande pourquoi vous supposez qu'elle puisse faire une objection à l'événement heureux qui vous arrive.

Albany me regarda avec un immense étonnement, puis avec méfiance.

— J'aurais dû, reprit-il, lui dire tout à elle-même. Le docteur m'a appris, ce matin, qu'elle n'était plus cloîtrée, qu'elle sortait, qu'elle recevait du monde, enfin qu'elle s'était complètement affranchie de la règle monastique. Elle n'a donc plus de raisons pour ne pas me recevoir, s'il est vrai qu'elle ne craigne aucune émotion pour elle-même de cette entrevue.

Je compris alors que la résolution prise par Juliette de ne plus voir Albany, et signifiée à lui par elle-même dans plusieurs lettres, avait été, aux yeux de celui-ci, comme un aveu de sa peur et de sa faiblesse. Je me hâtai donc de lui dire qu'il avait raison de vouloir s'expliquer de ses projets avec mademoiselle d'Estorade en personne, et que je l'invitais à venir dîner chez moi, où il la verrait le soir même. Il fut très-étonné, puis très-content, puis il me parut un peu blessé de voir les choses s'arranger d'une façon si vulgaire. Il avait certainement craint un drame, et, bien que très-satisfait d'y échapper, il était désappointé d'être si facile à marier.

En le quittant, j'allai rejoindre Narcisse, à qui je racontai, de ce qui s'était passé, tout ce qu'il devait savoir, c'est-à-dire tous les faits accomplis, hormis les explications que j'avais eues avec mademoiselle d'Estorade, relativement à lui. Je m'abstins aussi de lui laisser pressentir qu'il me restait de légers doutes sur les sentiments secrets de Juliette. Ces doutes étaient trop peu formulés en moi-même ; et, dans tous les cas, il me semblait que Juliette était à jamais guérie par la blessante leçon que lui infligeait la vanité d'Albany. Dès lors, j'espérais qu'elle pourrait aimer Narcisse, et, si cet excellent jeune homme pouvait être heureux par elle, c'était à la condition de ne plus souffrir du passé.

Mais Narcisse, ordinairement si ouvert et si facile à pénétrer, montra, cette fois, une sorte d'abattement dont je ne pus pas bien saisir la cause. Il ne fit aucune réflexion et se contenta de dire à plusieurs reprises :

— Elle veut que je sois là, j'y serai! Si elle veut que je le jette par les fenêtres, me voilà prêt, et ça me fera plaisir. Si elle veut, au contraire, que je le reconduise avec beaucoup de politesse jusqu'à la diligence, ça m'amusera pas, mais je suis encore prêt. Ce qu'elle décidera sera bien, et je n'ai, en ceci comme en tout, qu'à lui obéir.

J'invitai le docteur et madame Pitard à dîner. J'avertis le curé que j'étais obligé d'avoir chez moi, le soir, un comédien ; à quoi il me répondit que cela lui était bien égal et qu'il viendrait comme à l'ordinaire. Je priai Narcisse de venir au dessert et d'entrer en même temps que mademoiselle d'Estorade.

Albany, qui avait fort mauvais ton dans l'occasion, avait aussi, dans l'occasion, le ton de la meilleure compagnie. Ma femme et Hortense le trouvèrent fort bien élevé, mais point aimable. En effet, il fut très-froid et comme méfiant. Il prenait sottement la situation. Il s'attendait à être mystifié, et se tenait d'avance sur la défensive.

Quand Juliette entra, avec Sylvie, déjà pendue au cou de Narcisse, qu'elles avaient trouvé dans l'antichambre, Albany sembla hésiter à la reconnaître. Le musicien avait peu d'aptitude, probablement, pour la peinture, car il n'avait jamais vu dans mademoiselle d'Estorade qu'une personne mal mise, sans charmes, d'une taille problématique, et beaucoup trop âgée pour lui. J'avais mis, à dessein, la conversation sur ce sujet pendant le dîner, et il s'était prononcé avec une sorte d'affectation, disant qu'il avait connu mademoiselle d'Estorade toute jeune et l'avait toujours trouvée vieille ; qu'elle avait de beaux yeux et l'air distingué, mais qu'elle ne régnerait jamais qu'au *royaume des ombres.*

— Parmi les bienheureux ! ajoutait-il, car c'est une sainte ; mais les saintes n'ont pas besoin d'être belles, et ce qu'elles doivent inspirer, avant tout, c'est le respect.

Ma femme avait vivement défendu la figure de Juliette, disant que, pour elle, c'était un idéal ; et que, quant à la taille, elle avait l'air d'une fleur après l'orage. Albany avait souri singulièrement. Peut-être avait-il cru, un instant, que nous voulions lui faire épouser Juliette.

Lorsqu'il la vit mise avec élégance, coiffée avec goût et revenue à une manière d'être qui était beaucoup plus d'une duchesse que d'une béguine, il ne put surmonter son étonnement, et, comme il sentit qu'elle s'en apercevait, il perdit son assurance et la salua gauchement.

J'admirai le tact exquis de mademoiselle d'Estorade dans cette rencontre délicate. Elle lui parla la première, sans aucun malaise. Sa figure n'exprima ni joie, ni trouble, ni dépit, mais l'habituelle aménité et cette légère nuance, involontaire à coup sûr, d'indulgence protectrice, qui étaient le fond de son caractère.

Après le café, elle s'assit, avec lui et moi, dans un petit salon qui tenait au grand salon, et lui dit qu'elle avait appris avec satisfaction son prochain mariage.

— Car il paraît, ajouta-t-elle, que c'est ce que l'on appelle *un bon mariage.* Je vous connais assez pour croire que la personne vous inspire un véritable attachement. Je vous ai, pour ainsi dire, vu placé plusieurs fois entre vos goûts et vos intérêts, et toujours pressé de sacrifier les uns aux autres.

— Je vous remercie de la bonne opinion que vous avez de moi, répondit Albany embarrassé.

Mais il se remit pour ajouter d'un ton assez expressif :

— Ainsi, vous ne me garderiez pas votre estime si vous ne pensiez que je fais, en même temps qu'un mariage d'argent, un mariage d'inclination ?

— Je vous estimerai d'autant plus que vous ferez du mariage une chose sérieuse et de la fortune un bon usage. Maintenant, pouvez-vous me dire pourquoi, au lieu de m'écrire tout simplement votre résolution, vous avez chargé M. E... de m'en faire part ? Vous avez craint de me blesser, à ce qu'il m'a dit, parce que vous vous trouviez désormais empêché de me donner de vos nouvelles et de me demander conseil dans la gouverne de votre vie. Je suis encore assez de ce monde pour comprendre qu'une femme ne veuille pas souffrir d'autre influence sur son mari que la sienne propre, et, bien loin de m'en fâcher, je l'approuve. Il eût été cependant plus convenable et plus sincère de votre part, que votre femme, informée par vous de la sollicitude que je vous avais témoignée, m'écrivît à ce sujet quelques lignes affectueuses. J'y eusse été sensible, et j'aurais ouvertement déposé avec joie, entre ses mains, ce qu'il vous a plu d'appeler quelquefois, en riant, mon autorité souveraine dans vos conseils de conscience. Mais, apparemment, il s'est trouvé telle circonstance dont je ne puis être juge, et qui rend nécessaire et naturelle la manière dont vous avez cru devoir agir. Je suis persuadée que vos intentions sont bonnes, et vous voyez que j'accepte avec plaisir toutes les conditions de votre bonheur.

Albany, de plus en plus gêné, voulut s'excuser. Mademoiselle d'Estorade ne lui permit aucune révélation sur sa future moitié, et coupa court aux explications personnelles en lui faisant des questions bienveillantes sur son avenir, sur les relations et les occupations qu'il avait en vue. Puis elle rendit la conversation tout à fait générale, car le curé était venu, sans façons et très à propos, interrompre notre aparté.

Je remarquai un grand malaise chez Albany ; son amour-propre souffrait de l'école qu'il avait commise et de la très-douce mais très-pénétrante leçon qu'il venait de recevoir. Il fit mine de se retirer ; mais, soit qu'il désirât revenir, soit qu'il fût content de prendre une revanche quelconque, il céda aux sollicitations de ma femme, qui désirait l'entendre chanter. Il se fit bien un peu prier, attendant toujours que Juliette s'en mêlât, ce qu'elle fit de bonne grâce, mais sans avoir trop l'air d'y tenir. Il demanda alors le temps de la digestion et promit de revenir à neuf heures. Il ignorait que Juliette partait toujours à cette heure-là.

Elle resta cependant, disant qu'elle aurait du plaisir à entendre de la musique, mais effectivement pour se trouver bien en présence d'Albany, sous les yeux de Narcisse. Du moins, c'est ainsi qu'elle m'expliqua sa pensée, et Narcisse, à qui j'en fis part, s'en montra reconnaissant, mais sans cesser d'être, en dépit de lui-même, d'une tristesse mortelle.

A neuf heures, Albany reparut ; les enfants firent silence ; le curé même rangea vivement les cartes, et, notre auditoire se trouvant assez nombreux, Albany s'approcha du piano ; mais ma femme, qui devait l'accompagner, se trouva saisie d'une invincible timidité et supplia mademoiselle d'Estorade de la remplacer.

Juliette s'y refusa d'abord. Nous la savions bonne musicienne, mais jamais elle n'avait posé ses doigts sur aucun piano devant nous. On disait, au couvent, qu'elle jouait l'orgue admirablement à la chapelle de ses religieuses ; mais aucun homme, et très-peu de femmes étrangères à la communauté, n'étaient admis aux offices. Le docteur seul pouvait parler *ex professo* du talent de Juliette, l'ayant entendue par surprise un jour qu'elle étudiait. Elle se cachait de ce talent, soit qu'elle n'y crût pas elle-même, soit qu'elle en regardât l'exhibition comme une vanité mondaine dont elle devait s'abstenir.

Elle céda, cette fois, pour ne pas nous priver d'entendre Albany, et ne pouvant attacher d'importance à un simple accompagnement.

Albany chanta très-bien, mais Juliette l'accompagna encore mieux qu'il ne chantait ; et, comme si elle eût voulu le lui faire sentir, elle fit chanter au piano, en manière de ritournelle, le thème de certains motifs qu'il venait de dire, et où le modeste instrument trouva plus d'expression et de largeur que la voix humaine. Cela ne fut pas remarqué de tout le monde, mais de quelques-uns, qui y virent une leçon donnée à l'artiste présomptueux. Il parut le sentir lui-même, car il dit à mademoiselle d'Estorade, en manière de compliment enjoué, qu'elle lui faisait du tort, et que, s'il eût soupçonné en elle, autrefois, un pareil maître, c'est d'elle seule qu'il eût voulu prendre des leçons.

— Des leçons de chant ? lui répondit Juliette. C'eût été difficile : je n'ai pas l'apparence de voix.

— Peu importe, reprit l'artiste. Je vous eusse priée de jouer les thèmes des maîtres, et, à vous écouter, j'en eusse appris plus qu'avec tous les autres.

Le curé déclara, avec une franchise un peu ronde, qu'Albany avait raison, et le docteur pria Juliette de jouer un certain *Sanctus*, ou toute autre chose, qu'il lui avait entendu étudier sur l'orgue du couvent, une veille de Pâques.

Elle s'en défendit, prétendant que cela ennuierait tout le monde, mais ne paraissant point intimidée de révéler son savoir à Albany, qui était visiblement piqué de la sincérité du curé. Narcisse était dans un coin, silencieux et comme étranger à ce qui se passait autour de lui. Il se leva en voyant qu'elle se levait pour quitter le piano, et la regarda d'une manière suppliante, qui ne fut probablement comprise que d'elle et de moi. Elle s'arrêta, comme si elle eût regretté de s'être levée, et me donna le temps d'insister pour qu'elle se rassît et cédât à nos instances.

Elle joua alors je ne sais quoi de magnifiquement suave, qu'elle nous dit avoir trouvé dans de vieux cahiers de sa mère, mais dont elle était peut-être l'auteur, bien qu'elle n'ait jamais voulu l'avouer. C'était un court chef-d'œuvre que, dans tous les cas, elle comprenait et rendait aussi bien que le maître qui l'avait écrit; et l'enthousiasme de ceux qui, en l'écoutant, le comprirent, se communiquant à ceux qui le comprenaient peu ou point, Juliette fut plus applaudie qu'Albany ne l'avait été. On lui cria *bis*, mais elle regarda la pendule et s'y refusa obstinément.

— Il faut, dit-elle, qu'à dix heures j'aille coucher ma fille, et je ne veux pas vous priver d'entendre encore une fois M. Gerbier.

Albany s'en défendit; mais tout le monde insista par politesse, et il chanta un grand air d'une façon remarquable. Il avait incontestablement une voix magnifique, beaucoup d'exercice et un grand savoir-faire; mais, pour moi, il manquait d'individualité. Il chantait comme beaucoup d'autres qui chantent bien, mais qui ont appris et non trouvé leur manière. Il y avait plus d'âme et d'originalité dans une phrase simplement jouée par Juliette, que dans toutes les difficultés vaincues dont il prétendait nous éblouir. Mais, chose étrange dans notre vie intime, ce fut la première fois, et en même temps la dernière fois, que nous entendîmes Juliette.

A dix heures, elle nous souhaita le bonsoir, et, s'adressant à Narcisse, qui ne l'avait pas applaudie, mais qui avait pleuré, à la dérobée, dans son coin, pendant le prétendu *Sanctus* :

— Il faut, mon ami, lui dit-elle tout haut, que vous ayez l'obligeance de porter *notre fille* jusqu'à ma porte, car la voilà qui dort tout debout.

Et, comme en parlant ainsi elle passait dans l'antichambre pour mettre son manteau, elle vit Albany qui la suivait pour lui faire ses adieux en particulier. Il partait le lendemain; c'était donc un éternel adieu. Juliette fit sentir qu'elle ne s'y trompait pas.

— Maintenant, lui dit-elle avec une sorte de gaieté, ce n'est probablement que dans une autre vie que j'aurai le plaisir de vous revoir, si toutefois nous prenons le même chemin. Je vous avertis que je ferai mon possible pour aller en paradis, dussé-je n'y jamais vous y rencontrer; et, en attendant, je prie Dieu de vous rendre très-excellent et, par conséquent, très-heureux sur la terre.

Albany était comme abasourdi de cette tranquillité d'âme. Il balbutia quelques mots que Narcisse n'entendit pas et qui ne parurent pas frapper Juliette; puis il revint au salon, où il resta jusqu'à ce que l'on commençât à se

retirer. Je vis qu'il parlait longtemps bas avec le docteur, et je retins celui-ci après que le chanteur eut pris congé de nous, pour lui demander à quel propos il lui avait fait une mine si courroucée en frappant du pied et levant les épaules.

— Tiens! vous avez vu ça! répondit le docteur. Le fait est que j'ai été un moment fort en colère. Ces gens de théâtre, ça ne respecte rien. Imaginez-vous que ce faiseur de gargouillades s'est mis à m'interroger sur Juliette de la façon la plus étrange. Ne s'est-il pas mis dans la tête que Sylvie était sa fille? Oui, le diable m'emporte! la fille de mademoiselle d'Estorade et de Narcisse! parce qu'il a dit *notre fille* en parlant à Narcisse de la petite! Cela m'a révolté! J'ai cru que cette idée courait la ville et qu'il l'avait déjà ramassée dans quelque guinguette. Je lui ai dit, je crois, des choses dures, à quoi il m'a répondu qu'il était très-content de mon indignation, puisqu'elle lui prouvait qu'il avait rêvé. Du reste, il m'a donné sa parole d'honneur qu'il ne fréquentait plus aucune buvette et qu'il avait pris cette sottise sous son bonnet. Je ne lui en ai pas fait mon compliment. Alors il m'a très-bien parlé de mademoiselle Juliette, trop bien peut-être. On eût dit qu'il en était jaloux, amoureux, par conséquent. Et il vient pourtant nous annoncer son prochain mariage! Je le soupçonne de n'être pas dans son bon sens ou de s'être moqué de nous. Peut-être qu'il ne se marie pas du tout et qu'il est venu ici... je n'ose dire à quelle intention.

Je feignis de trouver le docteur aussi fou qu'Albany lui-même; mais je n'étais pas tranquille, et, quand tout le monde fut retiré, j'avertis ma femme de mon dessein; j'attendis un quart d'heure, je m'enveloppai de mon manteau, je sortis seul, résolu de veiller sur Juliette et de m'opposer à toute tentative pour la troubler ou la compromettre.

IX

Je m'en allai, d'instinct, tout droit au jardin de Narcisse. Il était une heure du matin.

L'horloge du couvent jeta dans les ténèbres sa note métallique, claire comme une voix d'argent, au moment où j'entrai dans la nouvelle maison de notre ami. Elle était terminée, mais encore humide, et il ne l'habitait pas encore. J'y avais fait déposer provisoirement certaines pièces de mécanique dont j'étais trop encombré chez moi. J'avais donc une clef de cette maison, et j'y pénétrai sans bruit. La nuit était assez froide. Des nuages fantastiques, qui semblaient pressés de courir à je ne sais quel sabbat, passaient sur la lune terne et triste. Par moments, on distinguait tout; dans d'autres, on ne voyait pas à se conduire.

Comme je m'avançais à pas de loup dans le jardin, par une de ces moments d'obscurité, je me sentis prendre le bras rudement, et une voix irritée me demanda qui j'étais.

— C'est moi, Narcisse, répondis-je; tranquillisez-vous, et parlons bas.

— Quoi? qu'y a-t-il de nouveau? me demanda-t-il avec anxiété.

— Il n'y a rien. Seulement, je crains quelque folie de la part de ce fat, et je ne veux pas que Juliette ignore à quel point elle doit se méfier de lui. Vous aviez la même pensée, puisque je vous rencontre ici ?

— Moi, j'ai quelque raison de plus pour craindre. Quand il lui a fait ses adieux, il lui a dit des paroles que je n'ai pas entendues. Dieu sait ce qu'il peut y avoir entre eux, mon ami ! Je vous dis cela sans croire qu'il y ait aucun mal, je vous le jure ! mais nous ne savons pas tout. Eh bien, qu'il en soit ce que Dieu voudra ; mais ce monsieur agira ouvertement, ou je le tuerai. S'il plaît à Juliette d'ouvrir cette porte que nous lui avons déjà vu ouvrir une fois, et de venir ici écouter des secrets où, maintenant, nous serions de trop, je jure que je n'écouterai pas et que je me tiendrai tranquille ; mais, s'il vient essayer de s'introduire chez elle par-dessus les murs, pour faire croire ce qui n'est point aux gens qui l'entourent, ce sera tant pis pour lui, aussi vrai que Dieu m'entend !

— Taisez-vous, lui dis-je, vous ne ferez rien sans ma volonté, à moins que vous ne soyez fou. Tuer, ou seulement maltraiter un homme ici, serait, en vérité, une heureuse idée pour préserver Juliette de la calomnie ! Voyons, Narcisse, du calme ! on vient par la terrasse. Observons ! vous avez juré, d'ailleurs, que, si Juliette était d'accord avec lui, vous vous tiendriez tranquille.

Nous rentrâmes dans la maison, d'où, pendant une grande heure, nous vîmes, par intervalles, passer et repasser l'ombre d'Albany. Évidemment, il avait demandé et espéré un rendez-vous, et il l'attendait, en proie à l'inquiétude, à l'impatience et au froid de la nuit, dont nous ne souffrions guère moins que lui, mais auquel nous résistâmes héroïquement, pour ne pas le perdre de vue et ne pas trahir notre présence par un mouvement quelconque.

Nous comptâmes ainsi, tous les trois, les quarts et demi-quarts d'heure sonnés par l'horloge des *Sœurs bleues*. Étrange similitude d'angoisses entre Narcisse et Albany, l'un attendant que la porte du couvent s'ouvrît, l'autre craignant qu'elle ne vînt à s'ouvrir !

Quand deux heures sonnèrent, Albany parut perdre patience. Il alla essayer d'ouvrir cette inflexible porte de l'enclos des religieuses. Narcisse voulut alors s'élancer sur lui. Je le retins. La porte était bien verrouillée en dedans. Elle résista à quelques tentatives d'Albany, lequel pourtant y mit des précautions, puis revint dans l'allée, et marcha encore en frappant des pieds pour se réchauffer. L'horloge de la ville sonna le quart après deux heures, puis celle du couvent, qui retardait de trois minutes. Il paraît qu'Albany venait d'accorder à Juliette le quart d'heure de grâce, car nous l'entendîmes maudire, d'un mot énergique, le moment qui mettait fin à son espérance, et retourner vers la terrasse pour recommencer son ancienne escalade par la tonnelle des comédiens. Comment il avait pu pénétrer dans le jardin de la maison de ville, c'est ce que nous n'avons jamais su. Il devait avoir mis le concierge dans sa confidence.

C'était le moment d'agir. Narcisse voulut bien comprendre qu'après les soupçons manifestés au docteur par Albany, il devait à mademoiselle d'Estorade de me laisser seul prendre fait et cause pour elle. Il resta donc caché pendant que je courais après l'artiste. Je retins celui-ci au moment où il montait sur la terrasse auprès du pilastre.

— Permettez, monsieur, lui dis-je, vous ne passerez pas par ici. Vous ne pouvez pas ignorer que, dans les petites villes, on peut toujours être aperçu par un passant attardé, ou par un curieux cloué derrière une persienne. Or, je ne veux pas souffrir que, dans le voisinage d'une maison habitée par une personne que je respecte, vos étranges fantaisies d'escalade et de promenade nocturne donnent lieu à d'impudents commentaires. Vous aurez donc l'obligeance de repasser par ce jardin, de traverser la maison de M. Pardoux, qui précisément s'y trouve en ce moment, et d'en sortir avec nous, pour être vu, au besoin, par les gens qui veillent quelquefois dans le café une partie de la nuit, après la fermeture.

Albany voulut se fâcher ; mais, comme il vit que cela était fort inutile, il prit le parti de m'ouvrir son cœur.

— Je ferai ce que vous voudrez, dit-il, je suis dans mon tort. Mais, avant que je sorte, laissez-moi vous parler cinq minutes, seul à seul dans ce jardin. C'est pour Juliette, peut-être, une question de vie ou de mort.

— Parlez simplement. Je vous écoute.

— Seul ? Personne n'est là autour de nous ?

— Personne.

— Eh bien, sachez qu'elle m'aime ; j'en suis plus certain que jamais. Vous vous y êtes mal pris pour faire ma commission. J'étais clairvoyant, sincère et dévoué ; vous m'avez dépeint aveugle, vantard et ridicule. Vous avez blessé le cœur de la femme et aigri le caractère de l'homme. J'avais le droit de vouloir me justifier, vous ne m'avez pas laissé, chez vous, la liberté de le faire.

— Pour cela, je vous demande pardon, monsieur. Vous êtes sorti pendant deux heures dans la soirée, au lieu de chercher l'occasion de causer avec elle. Vous le pouviez cependant, sans que je fusse intervenu, si tel eût été le bon plaisir de la personne dont nous parlons.

— Je suis sorti deux heures, espérant que Juliette comprendrait ma souffrance et serait mieux disposée à m'écouter plus tard. Mais vous l'aviez si fort prévenue contre moi, que je n'ai trouvé en elle qu'une femme offensée, jouant très-bien son rôle et vengeant son orgueil blessé avec beaucoup d'ironie et de froideur. Eh bien, j'ai compris son désespoir quand même, et, sur-le-champ, j'ai pris le seul parti digne de moi, qui est de renoncer à l'autre mariage et de lui offrir mon cœur et ma main !

— Ah ! ah ! vous daignez lui offrir ?... Vraiment, vous êtes d'une générosité chevaleresque !

— Raillez tant qu'il vous plaira, monsieur. Si vous êtes un homme de cœur, vous vous en repentirez peut-être !

— Est-ce une menace ?

— Non, monsieur, je ne suis point venu ici pour ferrailler, à moins qu'on ne m'y contraigne. J'ai fait mes preuves ailleurs que sur les planches, et ce qui m'occupe ici est trop sérieux pour ne pas planer au-dessus des épigrammes que vous m'adressez. Je veux, j'exige que mademoiselle d'Estorade sache mes intentions. Je les lui ai écrites ce soir. En dépit de vous, ma lettre est dans ses mains. Au moment où elle sortait, au bras de M. Narcisse Pardoux, il a bien fallu qu'elle me laissât la lui glisser, à moins de faire un esclandre entre moi et d'amener une querelle entre moi et ce monsieur qui se pose en protecteur, et auquel je ne reconnais pas le droit de se mettre en travers de mon chemin. A présent, Juliette connaît toute mon âme. Elle sait que j'ai toujours deviné la sienne, et aujourd'hui plus que jamais. Elle sait que je n'avais jamais osé être amoureux d'elle, et que, ce soir seulement, je vois clair en moi-même. Oui, c'est elle, c'est elle seule que j'aime, et tellement, que, pour elle, j'accepte le rôle le plus humiliant et le plus ridicule, qui est de venir ici attendre en vain l'entrevue que je lui ai offerte, et de m'exposer aux railleries de témoins fort mal disposés pour moi. Qu'importe, après tout, si elle a assez d'énergie pour voir que ses gardes du corps la trompent et que je suis de bonne foi?

» Pardon, monsieur, pardon! ajouta-t-il, en voyant que j'allais répliquer avec vivacité. Je ne dis pas cela pour vous... et, quand j'aurais de l'humeur, n'est-ce pas naturel? Ce qui doit nous préoccuper avant tout, n'est-ce pas l'avenir de cette femme, qui aime sans espoir depuis si longtemps, depuis dix ans peut-être, et à qui, pour toute consolation, au moment où j'étais forcé de la quitter pour toujours, vous présentez une coupe de fiel et d'amertume? Croyez-vous que le dépit et la dissimulation soient un baume sur une plaie? Non! c'est du poison que vous y mettez, et j'ose vous le dire : prenez garde à ce que vous faites! Peut-être, en la voyant souffrir sans remède et finir sa jeunesse dans un morne silence, regretterez-vous amèrement de n'avoir pas mieux deviné à quelle fleur délicate, à quelle mystérieuse sensitive vous aviez affaire !

Albany continua sur ce thème, et, le développant avec animation, il me réduisit un peu au silence. Je n'avais jamais été bien tranquille sur le compte de Juliette, et j'avoue que j'eus très-grand'peur d'avoir fait fausse route. Pourtant, je ne pouvais me résoudre à encourager les prétentions d'un homme qui me paraissait, sinon indigne, du moins pas assez digne d'elle. Il vit que je me méfiais beaucoup de lui.

— Vous croyez, dit-il, que j'ai toujours eu l'ambition d'épouser la fortune, et que, maintenant, j'improvise cet amour, après avoir inventé lâchement la fable d'un riche mariage à Nantes, pour amener l'explosion des sentiments de Juliette? Je veux vous donner la preuve de la vérité!

Et il me remit quelques lettres d'un homme d'affaires, que je pus lire ensuite, et qui attestaient la réalité de ses paroles. Mais il eut encore à se défendre d'un doute qui persistait en moi.

— Je n'ai pas précisément besoin de lire ces papiers, lui dis-je, pour vous croire incapable d'une bassesse; mais je vous crois incertain et capricieux, de plus très-incapable d'un grand amour, et, je vous en demande pardon (nous sommes ici pour tout dire), trop épris de vous-même pour avoir moralement la soif du grand amour que vous croyez inspirer. Répondez à toutes mes questions. Vous avez connu Juliette jeune, aussi aimable, aussi bonne, aussi angélique probablement qu'elle l'est aujourd'hui. Mais elle était pauvre, et vous ne l'avez pas aimée...

— Quand je l'eusse aimée, répondit Albany, à quoi cela eût-il abouti? J'avais vingt-deux ans; pouvais-je songer à un mariage auquel mes parents riches n'eussent jamais consenti? Devais-je la compromettre?

— Je ne vous demande pas pourquoi vous ne lui avez pas parlé d'amour, je le comprends de reste; je vous demande simplement si vous avez ressenti pour elle quelque velléité d'amour ?

— Je pourrais vous dire que je n'en sais rien, que j'avais pour elle, au su de tout le monde, une sympathie et une estime particulières; mais je ne veux ni vous tromper, ni me tromper moi-même. Je ne croyais pas qu'il fût possible d'aimer Juliette autrement que comme une âme. Sa personne était, à cette époque, d'une laideur

tranchée. Maigre, jaune, fade, on l'appelait autour de moi la boscotte, ou la petite vieille.

— Fort bien. J'ai pourtant peine à croire qu'elle n'eût pas déjà ces beaux yeux et ce regard magnétique que le plus lourd paysan ne peut rencontrer sans être pénétré d'un étonnement et d'un respect singuliers. Vous n'étiez guère artiste à cette époque, à ce qu'il paraît; mais passons. Quand vous avez revu mademoiselle d'Estorade, il y a deux ans...

— Je serai franc. Elle m'a paru étrange. Elle était si mal fagotée !

— Et l'année dernière?

— Plus étrange encore, presque belle par moments, puis, tout à coup, vieille de cent ans et se rendant justice sur ce point par l'entier délaissement de ce qui fait le charme, je dirais presque le sexe de la femme. C'était un être qui n'appartenait pas à l'humanité, que l'on pouvait invoquer à genoux, mais non pas serrer dans ses bras.

— Et à présent?...

— A présent, c'est presque une femme, et, comme c'est toujours un ange, je sens qu'amoureux ou non comme on l'entend dans la vie ordinaire, je ne me détacherai jamais de ce souvenir. J'aurai toujours cette vision du ciel dans l'imagination, et ne verrai qu'avec dédain la robuste et matérielle beauté qui, ailleurs, me tend les bras sans émouvoir ni mon esprit ni mon cœur.

— Et c'est pourtant une robe de soie substituée à une robe de bure, qui a fait en vous ce miracle! car mademoiselle d'Estorade est la même personne qui m'est apparue, à moi, il y a un an, et dont j'ai dit, avec un esprit tout à fait tranquille et désintéressé : « Voici une vierge qui, sans être belle, efface toutes les beautés de la terre. »

Je m'aperçus que j'avais tort de dire ainsi mon opinion sur Juliette; car je rendais Albany tout à fait amoureux. Comme, par moments, il parlait très-bien, je faillis m'y laisser prendre; mais quelques naïvetés lui revinrent qui me détrompèrent. Il était la proie d'un caprice subit, né du dépit d'avoir manqué son effet, et il était résolu à manquer son riche mariage de Nantes, plutôt que de s'en aller humilié et pardonné. Je lui déclarai que je voyais le fond des choses, et que rien ne m'engagerait à me faire son avocat auprès de Juliette.

— Vous êtes libre, lui dis-je, de lui écrire ou d'obtenir d'elle ce qu'elle vous entend. Il n'a aucun lien avec personne, aucune susceptibilité à ménager. Seulement, j'exige que vous agissiez au grand jour, et que vous ne cherchiez pas à la compromettre par de ridicules cachotteries. Vous savez que mademoiselle d'Estorade reçoit chez elle qui bon lui semble. En outre, ma maison vous reste ouverte. Je ne veux pas qu'il soit dit, surtout par vous, que j'exerce sur elle une influence contraire à son penchant. Pour compléter l'impartialité de mon rôle, je m'engage à ne pas lui dire un mot contre vous pendant trois jours. Après ce délai, si vous n'avez obtenu aucune espérance, vous partirez, je vous le déclare, et, si vous ne m'en donnez votre parole d'honneur, nous aurons très-sérieusement affaire ensemble.

— Je n'en crois rien, monsieur, répliqua Albany avec la douceur d'un homme peu facile à intimider. Vous savez que je ne reculerais pas, et vous ne voudriez pas m'amener à un éclat, si vous me jugiez capable de chercher à entacher la réputation de mademoiselle d'Estorade. J'ai eu tort de venir ici, j'en conviens; je croyais cette maison encore inhabitable et ce jardin à l'abri de tous les regards. Je me suis trompé. Je puis être imprudent, mais non infâme, et vous n'aurez pas besoin, si je suis repoussé, de chercher à me faire peur. Ce serait fort inutile ; mais il ne s'agit pas de cela. Refusé, je me retire sans murmure et sans ressentiment. Encouragé, je reste, dussiez-vous me chercher querelle à toutes les heures du jour.

En achevant sa phrase, Albany éleva un peu la voix à dessein d'être entendu de Narcisse, car nous nous étions rapprochés de la maison. Je vis, avec déplaisir, Narcisse précisément à portée de l'entendre. Il se promenait de long en large dans une chambre du rez-de-chaussée, la fenêtre ouverte ; mais il avait réfléchi, et j'admirai l'empire qu'il avait repris sur lui-même. Il vint à notre rencontre sans dire un seul mot, et comme s'il n'eût pas vu Albany. Ce silence était peut-être plus éloquent que des paroles, car Albany ne trouva pas non plus un mot à lui adresser, et nous sortîmes tous les trois pour nous séparer, sans bruit, sur la place de la Comédie.

Il ne m'était plus possible de rien cacher à Narcisse des desseins et des espérances d'Albany. J'étais un peu ébranlé par l'assurance du comédien, et, précisément à cause de cela, j'essayais de m'en moquer. Je comptais sur Narcisse pour dissiper mes inquiétudes intérieures. Il devait être bien tranquillisé par la déception qu'Albany avait éprouvée dans son rendez-vous ; mais je le trouvai presque aussi muet avec moi qu'il l'avait été avec son rival. Il semblait, ou ne vouloir se permettre aucune opinion sur Juliette, ou couver quelque secrète résolution. Je ne le quittai qu'après l'avoir vu entrer dans la maison Pitard, où il demeurait, et je me promenai quelque temps à distance, pour m'assurer qu'il ne sortait pas dans le dessein d'aller provoquer Albany. Mais aucune porte ne se rouvrit, aucun autre pas que le mien ne résonna sur les pavés humides. Je rentrai chez moi à trois heures du matin.

J'avais résolu de ne pas aller interroger Juliette ; mais, dès neuf heures du matin, elle me fit demander. Elle me montra la lettre d'Albany, qui n'était que le résumé échevelé des confidences faites à moi depuis son jardin de Narcisse. Elle n'en paraissait nullement émue.

— Voilà de grandes folies et qui font craindre de grandes sottises dans l'avenir, me dit-elle avec le calme du mépris. Ce jeune homme a décidément une pauvre cervelle, et je plains la femme qu'il va épouser.

— Vous croyez donc qu'il l'épousera quand même ?

— Qui l'en empêchera ?

— L'amour qu'il a pour vous peut-être ?

— Peut-être ? Est-ce que vous aussi, mon ami, vous rêvez ?

— J'en aurais le droit ; j'ai fort peu dormi cette nuit ! Mais ne me faites pas de questions. Je me suis engagé, pour trois jours, à garder la neutralité.

— Vous avez eu tort. Cet amour improvisé ne méritait pas tant d'égards.

— N'importe ; attendez trois jours, je vous prie, avant de répondre quoi que ce soit, afin qu'on voie bien que vous avez pris le temps de la réflexion.

— Oh ! par exemple, répondit Juliette avec une certaine vivacité, ce n'est point là mon avis ! Vous voulez que, pendant trois jours, je laisse cet homme compter sur mon idiotisme ? Non, non, pas pendant une heure de plus.

En parlant ainsi, elle mit au bas de la lettre d'Albany ce peu de mots :

« Vu et désapprouvé.

« JULIETTE D'ESTORADE. »

Puis elle la plaça sous enveloppe, cacheta, et écrivit l'adresse d'une main ferme. Elle lui renvoyait purement et simplement sa déclaration d'amour sans daigner lui expliquer les motifs de son dédain.

Je m'abstins de toute réflexion. J'avais promis ! Ma réserve impatienta Juliette, et je la trouvai plus vive et plus énergique que je ne l'avais vue.

— En vérité, dit-elle, je ne vous croyais pas si impartial envers moi. On ne doit pas l'être à ce point avec les gens qu'on aime ! Vous semblez ne pas vous soucier de l'injure qui m'est faite.

— Ne dites pas de ces choses-là devant Narcisse, lui répondis-je. Je crains fort qu'il ne perde patience avec l'homme qui entre encore la nuit dans son jardin.

— Ah ! s'écria Juliette émue ; Narcisse l'a vu ? Narcisse sait tout cela ? Et que dit-il, lui ? Pense-t-il qu'il faille ne pas *m'influencer*, mais attendre trois jours ma réponse ?

— Narcisse ne dit rien ; il est comme abasourdi. Mais le plus prudent serait de lui donner une commission à faire pour vous à Estorade.

— Eh bien, allez le chercher, répondit-elle. Je trouverai un prétexte pendant ce temps-là, et chargez-vous d'envoyer tout de suite ma lettre à Albany ; le père Bondois serait trop long.

Je cherchai Narcisse au café Pitard ; il était sorti. Je le cherchai dans la ville ; on l'avait vu descendre à l'hôtel de *la Tête-d'Or*.

Je m'y rendis en toute hâte. On m'apprit qu'Albany et Narcisse étaient sortis ensemble, se dirigeant vers la route du Midi.

Je suivis leur trace, et les trouvai bras dessus, bras dessous, comme deux gens qui vont se battre en cachette, et qui affectent, devant les passants, d'être au mieux ensemble. Pourtant, ils causaient avec tant d'animation, à voix basse, qu'ils ne purent s'interrompre en me voyant. Au contraire, Narcisse me prit à témoin, et quelques paroles très-vives furent échangées. Je les engageai à quitter la route et à entrer avec moi dans une prairie où Narcisse, que je m'efforçais de calmer, s'expliqua devant moi.

— N'ayez crainte d'un duel, me dit-il. Monsieur voudrait fort que ce fût là mon idée, mais ce ne l'est point. Je n'ai jamais touché à une épée, et je ne sais ce que c'est d'aller risquer sa vie devant un homme dont on est résolu à se défaire. J'ai averti monsieur de mes intentions, et je les lui réitère devant vous. Il ne me plaît pas qu'il entre la nuit dans mon jardin, et je me trouve insulté par cette habitude-là, qui date de loin. Je lui ai défendu d'y remettre les pieds, et il m'a répondu de manière à me faire croire qu'il ne se le tient pas pour dit. Eh bien, comme je ne voulais pas risquer d'élever la voix malgré moi dans mon auberge, je l'ai prié de sortir avec moi pour entendre ce que j'avais à lui dire, et voici ce que c'est : Si je retrouve monsieur dans ma maison ou dans mon enclos, ou seulement sur mon mur, je le tuerai comme une fouine, sans l'avertir, sans lui donner le temps de se défendre ; je l'assassinerai, en un mot. Monsieur dit que ce sera le fait d'un lâche ; moi, je dis que non, car j'y risquerai bien assez ma vie ! J'irai faire ma déclaration sur l'heure et me constituer prisonnier ; la loi fera de mon cou ce qu'elle voudra. J'aurai affaire à quelque chose de plus dangereux que l'épée d'un homme plus ou moins adroit. Je ne serai donc pas un poltron qui craint pour sa peau, et je me serai débarrassé d'un particulier qui m'offense.

Albany affecta de lever les épaules et de rire avec dédain du raisonnement terriblement serré de son rival. Il faisait bonne contenance, et j'approuvai le sang-froid dont il sut ne pas se départir. Il ne mêla pas plus mademoiselle d'Estorade au fond de la querelle que Narcisse ne l'avait fait. Son nom ne fut pas prononcé. Certes, Albany n'avait aucune envie de retourner dans le maudit jardin; mais la manière dont Narcisse le lui interdisait ne lui permettait pas d'en faire la promesse. Pourtant, Narcisse s'obstinait à l'exiger, et une discussion si étrangement posée n'eût pu finir que par des voies de fait, si je ne me fusse trouvé là.

J'essayai d'apaiser Narcisse en lui disant qu'Albany m'avait donné, à moi, la parole d'honneur qu'il réclamait. Narcisse le savait bien, et il ne fut pas facile de l'amener à s'en contenter. Il était, à l'habitude, d'une douceur moutonnière; mais, irrité, il avait aussi l'entêtement du mouton, qui se brise la tête contre un obstacle plutôt que de reculer. Les sarcasmes d'Albany l'exaspéraient. Il était rouge à faire craindre un coup de sang.

Je pris assez d'empire sur Albany pour l'amener à une sorte de conciliation, à savoir : de me renouveler, en présence de Narcisse, le serment qu'il m'avait fait, et j'obligeai Narcisse de s'en contenter. Aussitôt je le pris par le bras, pour lui dire que mademoiselle d'Estorade l'attendait et lui demandait un service qui ne souffrait pas un instant de retard. Je restai seul avec Albany.

Je lui remis la lettre que Juliette lui renvoyait, avec les deux mots sans appel et la signature accablante qu'elle y avait ajoutés. Albany, assis à l'écart, les relut sans doute plus d'une fois, et en étudiant chaque caractère de l'écriture, car il resta plus d'un quart d'heure plongé dans ses réflexions. Il vint ensuite à moi, et me demanda des détails que je lui donnai avec une scrupuleuse exactitude.

— Ainsi, dit-il, elle était en colère, à ce que je vois ? Pauvre folle! elle s'en repentira! Mais, moi, j'ai assez fait pour l'acquit de ma conscience, et c'est à mon tour d'être piqué. A quelle heure part la diligence ?

— Dans une heure.

— Eh bien, je vais fermer ma valise, et je pars.

— Vous faites bien.

— Vous pensez que j'ai peur de M. Narcisse ?

— Non, mais que vous avez raison de vous préserver de vos propres imprudences et des suites qu'elles peuvent avoir. Narcisse est fort exalté. Quelle bravoure y aurait-il à vous jeter sous les coups d'un homme qui a le mépris du duel et le fanatisme de la guillotine ?

— Il est vrai que je n'aimerais pas à tomber dans un guet-apens, et que je n'entends rien à ce duel à l'américaine auquel il me convie. Mais là n'est pas la question. Un mot de Juliette m'eût fait tout braver. Je l'aimais... hier! oui, je l'aimais passionnément! mais, aujourd'hui, je retrouve en elle la béguine et la prude qu'elle ne peut pas ne pas être, et je pars content de moi, après le sacrifice que je lui ai offert, je pourrais dire aussi très-content d'elle, qui me préserve de l'insigne folie d'épouser une vieille fille dévote et bourgeoise.

Je laissai Albany exhaler ainsi son dépit. Narcisse ne l'eût pas souffert; mais, moi, j'étais trop content de le voir renoncer à ses projets pour protester contre ses imperti-

nences. Il voulait partir la tête haute, et, pour cela, il fallait lui laisser la satisfaction de dire le dernier mot. Je l'accompagnai donc très-patiemment à l'hôtel, feignant un peu de craindre de l'irriter; et, quand je le vis, perché sur l'impériale de la diligence, enfoncer son bonnet de voyage sur ses oreilles, de l'air d'un homme qui pose l'éteignoir du dédain sur sa propre flamme, je m'applaudis de mon hypocrisie.

Je retournai au couvent. Narcisse y était encore.

— Arrivez donc, me dit Juliette, et regardez quelle figure de révolté l'on me fait! Je ne peux pas obtenir qu'il aille me chercher un acte qui est dans mon secrétaire, à Estorade, et dont j'ai absolument besoin. Il dit que je ferais mieux d'y aller moi-même, ou de vous y envoyer, et que, quant à lui, il ne peut s'absenter. Voici la première fois de ma vie qu'il me refuse quelque chose, et je vous prie d'en prendre note.

— Si vous m'en croyez, lui répondis-je, nous partirons tous trois pour Estorade avec Sylvie, vu que je sais qu'un certain Albany vient bien de partir en diligence et de disparaître sur la route du Nord, en vous traitant de folle embéguinée et de prude embourgeoisée, mais que je ne sais pas si ce personnage, fort capricieux, n'aurait pas la fantaisie de revenir sur ses pas dans deux heures. Or, nous avons, je pense, assez supporté ses lubies; nous avons été fort patients; moi, pour mon compte, je l'ai été comme un saint! Nous pourrions l'être moins par la suite, et vous-même, vous ne le seriez plus du tout, je parie. Ces impertinences ont lassé votre dignité. Croyez-moi, quittons la partie, et, comme le chemin d'Estorade est fort connu, nous pousserons un peu plus loin, n'importe où, sans dire d'avance et sans savoir nous-mêmes où nous allons. C'est la seule manière de n'être pas suivis.

Mademoiselle d'Estorade accepta avec joie, Narcisse avec répugnance. Il éprouvait un vague mais violent besoin de brutaliser son rival plus que de raison, et il lui semblait que le fuir était une défaite. Mais Juliette faisait déjà son paquet et celui de Sylvie. Deux heures après, la légère et confortable calèche qui avait remplacé l'antique patache *cellulaire* de mademoiselle d'Estorade nous déposait à la porte de son château. Ma femme et ma fille aînée étaient de la partie. Nous fîmes à Estorade un repas improvisé; et, aussitôt après, nous prîmes la route de Sainte-Florence, où nous pûmes arriver avant la nuit.

Nous nous promenâmes ainsi trois jours durant, à petites journées, de village en village, dans le plus romantique pays de la terre et par tous les chemins possibles ou impossibles. Cette flânerie, au cœur de l'hiver, eût paru insensée à des gens moins endurcis que nous aux hasards de la température et aux fatigues de la promenade. Mais la nature était magnifique à travers la brume rose du jour et sous le voile matinal de la gelée blanche. Le doux soleil de midi irisait les perles liquides pendues à toutes les herbes, et les arbres dépouillés accusaient les nobles formes de leur branchage, souvent trop voilées sous la feuillée de la belle saison. Tout nous semblait riant ou singulier, et tous les inconvénients de la route furent pris en bonne part. Sylvie et ma fille chantaient comme deux merles et folâtraient comme deux chevreaux au bord des ravins. Juliette, plus gaie et plus sensible aux choses extérieures que je ne l'avais jamais vue, semblait goûter un plaisir réel à enterrer le souvenir du passé pour saluer le sourire de l'avenir. Narcisse, en la voyant ainsi, était, par moments, plongé dans une muette ivresse. On eût dit qu'il craignait d'être réveillé au milieu d'un rêve de bonheur.

Le quatrième jour, avant midi, nous fûmes de retour à Estorade. Le temps s'était mis décidément au froid. Il avait gelé assez fort pour que les eaux fussent prises. Juliette nous demanda de lui *sacrifier* le reste de la journée. Elle voulait voir avec nous le ravin de la Gouvre, où, pour la première fois, quinze mois auparavant, elle nous avait donné rendez-vous. On prit un âne pour les deux enfants, dont les petits pieds étaient las de trotter, et nous remontâmes le torrent jusqu'au carrefour de gros rochers où nous avions reçu les confidences de notre amie.

Le ravin était presque impraticable, et pourtant Juliette le suivit à pied avec intrépidité. C'est pour le coup qu'elle me sembla avoir des ailes, et que je me demandai comment, sans nulle attention et nul effort apparents, elle voltigeait ainsi sur les roches glissantes, sans même accrocher son vêtement aux ronces du sentier.

Le spectacle que nous offrit le lit encaissé de la Gouvre valait bien, du reste, la peine que nous prîmes pour l'explorer. Les mille ruisseaux qui descendent brusquement des flancs du rocher étaient devenus des cascatelles de cristal solide, et les eaux torrentielles de la petite rivière luttant encore en beaucoup d'endroits contre la glace, c'était une chose curieuse et frappante que cette agonie du mouvement, qui achevait de se tordre et de gronder sous la main lourde et pétrifiée de l'hiver.

Au retour, nous eûmes à doubler le pas; le jour baissait rapidement, et il fallait sortir avant la nuit de ces sentiers difficiles et périlleux. Quand nous fûmes auprès du feu pétillant, dans la grande salle à manger du manoir, je fus frappé de la beauté surnaturelle. Juliette de Elle avait eu très-chaud. L'ardeur du foyer séchait la sueur sur ses joues transparentes, et se reflétait en saphirs étincelants dans ses yeux bleus. Ses cheveux, ébouriffés par le vent, voltigeaient encore comme un nuage doré autour de son petit front découvert, luisant comme un marbre. Ce n'était plus la pâle et grêle madone byzantine; c'était un de ces beaux enfants que Rubens semble avoir peints aux reflets de la nacre.

Cette illusion de jeunesse adolescente, qui, chez elle, était produite par la délicatesse des lignes et l'expression de candeur, fut si complète, en ce moment, par l'éclat du teint et l'animation du regard, que Narcisse, assis à côté d'elle, m'apparut, dans sa beauté colossale, comme un contraste invraisemblable. Il ne pouvait pas ressembler au mari, mais au père de cette petite fille. Sylvie elle-même, avec ses formes solides et sa grosse tête, était trop accusée, trop réelle auprès de sa mère adoptive.

Je me rappelai le premier jour où, après six mois d'absence, je l'avais revue, au clair de la lune, dans le jardin de Narcisse, et où j'avais été ravi et en même temps effrayé de cette sorte d'*immatérialité* qui la caractérisait en ce moment-là. Maintenant, il me semblait la voir pour la première fois vivante, mais d'une vie qui ne pouvait se mêler à celle d'aucun être de ce monde, et une sorte de douleur inexplicable me pénétra. Peu à peu, la salle devint sombre; on n'avait pas encore allumé les bougies sur la table, et le feu avait cessé de flamber. Les ombres fortement accusées, creusèrent les yeux, tout à l'heure si purs, et les lignes du visage s'accusèrent profondément. Le corps, fatigué, s'affaissa sur lui-même, et la personne devint si courbe et si ployée, que je crus voir une petite centenaire, et que Narcisse m'apparut

alors comme un fils pieux, attendant avec douleur et résignation le moment de la prendre dans ses bras pour la déposer dans la tombe.

Les cris joyeux des enfants, qui étaient allés à la cuisine et qui revenaient annoncer la soupe, dissipèrent les incompréhensibles vertiges auxquels j'étais en proie. On apporta de la lumière, chacun reprit son aspect habituel, et je trouvai seulement Juliette un peu plus pâle que de coutume. Je lui demandai si elle était fatiguée, elle me répondit en souriant :

— Je n'en sais rien; je sais seulement que j'ai faim.

Elle mangea aussi peu que les autres jours, mais en ayant l'air d'y prendre plus de plaisir. Jamais je ne l'avais vue si enjouée, et cette gaieté fine et caressante avait un charme inexprimable. Quand on eut dîné, Sylvie s'endormit, le nez dans son assiette, et mademoiselle d'Estorade alla elle-même la coucher.

— Eh bien, mon ami, dis-je à Narcisse en passant au salon, n'êtes-vous pas plus heureux aujourd'hui qu'il y a quelques jours?

— Non, pas du tout, répondit-il; j'aurais voulu tuer Albany, et il vit! Tant qu'il vivra... je croirai qu'il a jeté sur elle un mauvais sort.

— C'est trop de jalousie! Je vous conseille, si vous êtes incurable, de ne jamais songer au bonheur.

— Je n'y ai jamais songé, reprit-il.

— Au fait, pensai-je, c'est moi qui ai rêvé tout seul ce mariage. Il est impossible! Narcisse est sous le coup d'une recrudescence de jalousie qui ferait peut-être le malheur de Juliette.

J'en étais là de mes réflexions, quand on vint me dire que mademoiselle d'Estorade me priait de monter un instant chez elle. Je la trouvai assise, avec ma femme, auprès des deux petites filles endormies.

— Mon ami, me dit-elle d'une voix émue, j'ai voulu vous parler en même temps qu'à Blanche. J'ai fait mes réflexions durant ce voyage. En voyant Narcisse à toutes les heures du jour, si dévoué pour moi et si parfait en toutes choses, j'ai compris que je devais et que je pouvais l'aimer assez pour qu'il fût heureux avec moi. Je m'étais fait de fausses idées sur moi-même. Il me semble qu'enfin je vois et pense comme tout le monde. Dites-lui donc de me parler à cœur ouvert. Je lui ferai, moi, ma confession générale, et, comme, après tout, je ne suis pas bien coupable ni bien mauvaise, je suis sûre qu'il sera content de mes résolutions. Je peux vous les dire d'avance. Je demande encore quelques semaines de repos moral absolu. Je compte me mettre en retraite au couvent pour tout le carême, à Pâques, j'en sortirai ressuscitée, et, si Narcisse veut que nous soyons liés pour toujours l'un à l'autre, comme c'est aussi ma pensée et ma religion, nous nous marierons au printemps.

— Juliette! Juliette! m'écriai-je, surpris par je ne sais quelle vague inquiétude, avec vous on marche de surprise en surprise. Il y a quatre jours, c'était à *jamais* impossible; aujourd'hui, c'est tout naturel, et vous l'annoncez avec une sérénité qui m'épouvante. Tout est arrangé, prévu comme pour un mariage de raison auquel vous songeriez depuis dix ans. Pourtant, il n'en est rien, et c'est peut-être une réaction... Je ne veux rien dire de plus; mais, ma chère, ignorez-vous que Narcisse éprouve pour vous une passion ardente et profonde?

— Quoi? que me dites-vous? reprit Juliette étonnée. Ne le sais-je pas? Mais ne me disiez-vous pas l'autre jour que l'on devait se trouver heureux du bonheur que l'on donne? Et lui en coûtera-t-il, à lui, de m'entourer de soins, de tendresse et de dévouement? Qu'est-ce que cette passion dont vous parlez, sinon de l'affection contrariée par l'inquiétude? Quand il aura reçu ma parole, il ne s'inquiétera plus. Il me connaît bien, j'espère! Allez donc lui dire ce que je viens de résoudre, et vous verrez que sa tristesse passera tout d'un coup. Je le connais bien aussi, lui, peut-être! Depuis si longtemps! Je sais bien qu'il se défie toujours de lui-même, mais qu'il ne se méfiera jamais de ma loyauté. Allez, allez, vous dis-je; je suis une âme active, mais je suis un caractère indolent et irrésolu quand il s'agit de moi. Ne me laissez pas temporiser, cela pourrait durer encore dix ans. Ma parole est donnée à Dieu; prenez-la vite, et portez-la à ce brave cœur. S'il trouve que j'ai trop tardé, il me pardonnera, et, s'il trouve aussi le délai trop long, ou ma retraite au couvent trop pénible pour lui... eh bien, dites-lui que je ferai ce qu'il voudra; car je n'ai plus qu'une pensée, qu'un espoir dans la vie, pour mon compte, c'est de le rendre heureux.

Juliette parlait avec l'autorité de l'inspiration. Toutes les objections qui m'étaient venues à l'esprit dans la soirée s'évanouirent comme des songes devant la confiance qu'elle montrait dans sa destinée, et aussi, je dois le dire, devant celle qu'éprouvait ma femme. Je courus retrouver Narcisse. J'étais fort ému de la nouvelle que je lui apportais, d'autant plus qu'il me parut encore plus accablé qu'il ne l'était quand je l'avais quitté. Je crus donc devoir l'interroger d'abord sur cette soudaine désespérance qui s'était emparée de lui.

— Il n'y a rien de soudain là-dedans, répondit-il. J'ai du chagrin depuis quatre jours. Je le surmonte et je l'oublie le plus que je peux; mais, ce soir, je ne sais pas ce qui m'a pris. Il m'a semblé que Juliette avait la fièvre.

— La fièvre? pourquoi la fièvre?

— Oh! je m'entends, la fièvre dans le cerveau. Elle n'est pas vive et riante comme cela naturellement. Elle lutte, voyez-vous; mais, si Albany est un fat de dire qu'elle l'aime, il n'est pas un fou de le penser. Cette dernière lettre qu'il lui a écrite, je ne la connais pas, moi; mais ça doit être bien tourné, et les femmes se prennent aux belles paroles plus qu'aux sentiments vrais...

Je l'interrompis.

— Voyons, Narcisse, n'appliquons pas trop ces lieux communs, malheureusement trop vrais, à une âme d'exception. Avant de vous désespérer, répondez encore à une question sérieuse. Vous êtes et vous serez jaloux, cela est inévitable; mais sera-ce une jalousie éternelle, injuste et insupportable, par rapport au plus ou moins d'*émotion* que vous supposez dans le passé de Juliette, et dois-je me hâter de lui dire : « Préservez-vous d'un attachement immense, mais qui ne raisonne pas, et qui vous fera la vie amère? » Ou bien dois-je croire que le jour où Juliette vous dira : « C'est vous que j'ai choisi et à qui je veux appartenir, » vous oublierez jusqu'au nom d'Albany, pour ne songer qu'à remercier Dieu et Juliette?

Narcisse m'écoutait avec des yeux arrondis, presque hagards.

— Ah çà! s'écria-t-il en se levant, comment me parlez-vous donc là? Est-ce que vous vous amusez de moi, ou si c'est que je rêve? Mais non, mais non, c'est moi qui suis fou! Jamais Juliette ne me dira pareille chose!

Je lui rapportai mot à mot les paroles de Juliette. Il les écouta avec stupeur, ses yeux plongeant dans les miens,

ou nageant dans le vague, comme ceux d'un extatique. Puis il mit sa figure dans ses deux mains et garda le silence. Mais je vis qu'il était secoué, de la tête aux pieds, par un tremblement nerveux, et les premières paroles qu'il essaya de me répondre furent inintelligibles. Enfin il se remit, et me dit, en se jetant dans mes bras :

— Devant Dieu, devant vous, sur la tête de Sylvie, et par l'âme de mon père, de ma mère et de ma pauvre sœur Louise, que j'ai tant aimés tous les trois, je jure que je crois à la parole de Juliette comme à celle de Dieu, et qu'à partir de ce jour, je ne sais plus s'il a existé un homme du nom d'Albany !

Narcisse disait la vérité. Il eût tenu parole!

CONCLUSION.

Juliette entra avec Blanche au moment où Narcisse proférait ce serment dans toute la plénitude de sa foi, et elle lui prit les deux mains en lui disant :

— Moi aussi, mon frère, mon protecteur, mon ami d'enfance, je te jure, par Louise et par Sylvie, que je veux passer avec toi le reste de mes jours et t'aimer de toute la force de mon âme. A présent, décide des circonstances. J'aurais voulu me retirer quelques jours au couvent pour mettre ordre, sans préoccupation, aux devoirs que j'ai contractés envers cette fondation de charité. Pendant cette absence, je t'aurais chargé de faire arranger notre vieux château à ton goût, car il est triste, et cet air d'abandon que j'aimais, je te le sacrifie de bon cœur. Et puis, enfin, j'aurais voulu me sanctifier moi-même et rajeunir mon âme par de ferventes prières, pour la rendre digne de la tienne. Mais, si tu dois souffrir de ce projet, j'y renonce. J'ai promis à Dieu, avant tout, de te complaire, dès à présent et pour toujours.

Narcisse était ivre de bonheur. Il voulait tout ce que voulait Juliette. Je trouvai qu'il se sacrifiait trop en accordant six semaines de retraite. Juliette ne pouvait pas apprécier les agitations de l'attente et les tourments de l'espérance. Elle céda sans discussion, et je fixai à quinze jours l'absence qu'elle s'imposait. Dès le lendemain, elle alla s'enfermer au couvent, et je me chargeai, conformément à ses instructions, de préparer toutes choses pour la rédaction du contrat de mariage.

Comme le curé, consulté sans doute d'avance, devait publier les bans le dimanche suivant, le lendemain soir, conformément encore au désir que Juliette m'avait exprimé, je fis part officiellement, à la famille de Narcisse et à nos autres amis rassemblés chez moi, du prochain mariage de Narcisse Pardoux avec mademoiselle d'Estorade. Ce fut une grande surprise; on avait toujours cru, malgré ses dénégations, que Juliette avait prononcé certains vœux. A l'époque où elle avait établi sa communauté, les jeunes gens à marier, et leurs parents surtout, s'étaient émus de voir une si belle fortune *s'en aller aux hospices*, et certaines bourgeoises d'importance, qui avaient craint pour leurs filles la concurrence d'une dot comme celle de mademoiselle d'Estorade, s'étaient hâtées de publier, *comme le tenant de bonne part*, que le vœu de célibat de cette héritière était un fait accompli. Dans les petites villes de province, il n'y a rien de si aisé que d'établir l'autorité d'un mensonge, rien de si difficile ensuite à déracin'er. Même chez moi, où l'on était aussi peu petite ville que possible, on se récria, et il fallut l'affirmation du curé pour que l'on voulût croire à l'indépendance absolue de mademoiselle d'Estorade.

L'étonnement passé, on approuva vivement cette union, mais sans se dissimuler qu'elle serait fort critiquée par les bourgeois de la Faille-sur-Gouvre. Les uns blâmeraient Narcisse d'épouser *pour sa fortune* une vieille fille adonnée aux momeries de la dévotion. Les autres blâmeraient Juliette d'oublier *son rang* jusqu'à descendre à porter un nom que l'on lisait encore sur l'enseigne d'un estaminet. Dès lors elle descendait, de la première société de l'endroit, à la troisième tout au plus !

D'autres ne devaient pas manquer de dire pis. Albany n'était probablement pas le seul qui eût fait ses commentaires sur la naissance de Sylvie. Nous devions nous attendre à tout cela et ne pas nous en préoccuper.

On s'était à peine remis chez moi de l'émotion causée par cette déclaration, que le docteur nous en apporta une moins agréable. Juliette était malade. Elle avait été prise, dans la nuit, d'un violent accès de fièvre. On n'avait appelé le docteur que dans la soirée, ce dont il était fort mécontent. En voyant entrer Narcisse, il se hâta de dire que ce n'était qu'une courbature; mais il me prit à part pour m'avouer qu'il était inquiet, et qu'il attendait un second accès pour se faire une opinion. Il me fit des questions sur notre voyage. Juliette s'était-elle beaucoup fatiguée? avait-elle eu chaud et froid? Je n'osais affirmer le contraire.

— Si c'est une affection pleurétique, me dit le docteur, je sais ce qu'il faut faire; mais, jusqu'à présent, je ne vois qu'un état nerveux très-violent, et que je crains de combattre avec trop ou trop peu d'énergie. J'ai affaire à une organisation exceptionnellement délicate, et sur laquelle les médicaments n'ont jamais produit de bons effets.

Nous ne pûmes cacher longtemps la vérité à Narcisse. Il la pressentait, et il s'attacha si bien aux pas du docteur, qu'il le vit retourner au couvent à minuit. Dès lors, il ne quitta plus le parloir et, pendant huit jours, il devint l'ombre du docteur et du curé, qui seuls avaient accès auprès de la malade, et qui venaient, à chaque instant, lui donner de ses nouvelles.

Juliette fut malade pendant huit jours, sans que le docteur pût nous dire s'il était réellement tranquille ou réellement effrayé. Il n'y avait aucun symptôme d'accidents pulmonaires; c'était plutôt un affection du cœur, mais produite passagèrement par une grande excitation nerveuse, ou se déclarant à la suite d'une prédisposition négligée, voilà sur quoi il était impossible de se prononcer. Il n'y avait pas beaucoup de possibilité d'agir sur un être si frêle. Juliette était, du jour au lendemain, tombée dans un abattement extraordinaire.

Pourtant, il se fit un mieux très-marqué; les craintes du docteur se calmèrent, et, comme la malade disait, à toute heure, qu'elle avait besoin de la campagne, et qu'elle avait souvent éprouvé, nous en parler, de grands malaises et des étouffements que l'air d'Estorade avait toujours dissipés, nous résolûmes, ma femme et moi, de l'y conduire avec toutes les précautions imaginables, et de nous y établir auprès d'elle pour la soigner et la distraire pendant quelques jours. Le docteur nous accompagna dans la voiture, et Narcisse se fit notre cocher, ne se fiant à personne pour éviter les secousses à la malade.

Quand nous revîmes Juliette, elle ne nous parut ni si affaiblie, ni si changée que le docteur nous avait préparés à la voir. Elle monta en voiture, sans être trop soutenue, sourit à Narcisse, en lui disant que ce n'était rien, et que le plaisir d'aller avec nous à Estorade lui faisait déjà du bien.

Le voyage parut, en effet, lui être agréable, et elle sortit de voiture aussi facilement qu'elle y était entrée. Le temps était superbe, les appartements bien chauffés. Elle s'assit avec satisfaction dans le vieux fauteuil de sa mère, et nous appela tous autour d'elle pour nous remercier de l'amitié que nous lui témoignions.

— J'espère, ajouta-t-elle, que je ne serai pas trop longtemps ainsi, quoiqu'il me semble très-doux d'être dorlotée comme un enfant. J'ai bonne envie de pouvoir courir au jardin et de revoir bientôt le cher ravin de la Gouvre.

Elle prit ensuite ses arrangements pour quelques jours de convalescence et de paresse qu'elle voulait bien s'accorder. Je devais nécessairement retourner bientôt à mes affaires; mais il était convenu qu'Hortense viendrait remplacer ma femme. Le docteur comptait partir le lendemain et revenir tous les jours. Narcisse n'était pas mis en question. Il se chargerait de faire travailler et promener Sylvie. Il n'était pas besoin de lui demander s'il quitterait la maison d'une heure, tant que Juliette ne serait pas guérie.

Tout en causant avec nous, elle s'assoupit. On fit silence, on s'éloigna sur la pointe du pied. Le docteur resta seul, avec Narcisse et moi, à la regarder attentivement. L'éclat, peut-être un peu fébrile, de ses joues s'était effacé. Elle devint blanche comme une figure de cire vierge; le bruit et le mouvement de sa respiration étaient insaisissables. Il y eut un moment où je la crus morte. Mais la physionomie du docteur me rassura. Il tourna légèrement entre ses doigts le poignet affaissé de la malade, et, quand elle s'éveilla, il nous dit qu'il était content de l'état du pouls.

La nuit fut si bonne, que nous étions tous contents le lendemain. La journée confirma nos espérances, et le docteur partit en nous recommandant de maintenir autour d'elle et en elle, autant que possible, un état de calme absolu.

Ce calme fut maintenu religieusement, et, lorsque Juliette essaya de nous parler de son mariage, Narcisse fut le premier à lui dire qu'il lui était permis d'être adorée, mais non pas de se donner même la peine d'aimer; à plus forte raison celle de songer à quoi que ce soit qui fût un acte de volonté, ou un sujet de réflexion.

— À la bonne heure, lui répondit-elle avec tendresse; je veux bien dormir toujours, mais vous ne me commandez pas absolument d'être morte. Dites-moi donc que vous m'aimez; car je sens que c'est là ce qui me fait vivre.

Trois jours s'écoulèrent ainsi. Il nous semblait voir arriver la guérison; mais le docteur, avec lequel je m'en retournais à la ville, me dit en confidence qu'il n'était pas content.

— Les forces auraient dû revenir un peu, me dit-il, et, au contraire, elles ont décliné. Vous ne vous en apercevez pas, vous autres, parce qu'elle s'appuie légèrement sur votre bras pour gagner son fauteuil, et que sa figure a des moments de coloration trompeuse. Mais le pouls ne ment pas, lui! C'est pour moi le révélateur indiscret des ravages que le dévouement et la volonté réussissent à vous cacher. Je suis persuadé maintenant que cette maladie du cœur date de loin, et que nous avons été trompés, moi le premier, par une certaine animation insolite du caractère et de la physionomie. Elle nous a caché cela, ou elle ne s'en est pas rendu compte. Tant il y a que la maladie existe, et que, si les accidents nerveux reparaissaient, je ne serais pas du tout tranquille.

Le lendemain, il vint me donner de meilleures nouvelles; mais, le surlendemain, il m'effraya tout à fait. Les nuits étaient mauvaises. La femme de chambre, malgré la défense de Juliette, qui craignait d'alarmer ses amis, avait avoué au docteur qu'il n'y avait presque pas de sommeil et une inquiétude continuelle.

— Voilà, disait-il, ce qui explique l'abattement de la journée. Il faudra que je passe une ou deux nuits là-bas.

Il alla s'y installer, en me promettant de me faire donner des nouvelles tous les jours. Mais son absence se prolongea, et je ne reçus de lui que des mots problématiques : « Couci, couci. — Ce n'est pas merveilleux. — Toujours de même. — Moins bien. — Peu bien. — Pas bien. » Les billets de madame Pitard étaient plus rassurants. Il semblait que les progrès du mal ne fussent appréciables que pour le docteur. Narcisse n'écrivait pas. Au bout d'une semaine, l'inquiétude me prit, et, en dépit du travail qui me surchargeait, je courus un soir à Estorade.

Le docteur vint à ma rencontre.

— Elle veut absolument vous parler, me dit-il, et j'allais vous envoyer un exprès.

— Et comment va-t-elle?

— Mal.

— Narcisse le sait?

— Peut-être; il ne dit rien.

— Et elle-même?

— Elle a l'air de ne pas s'en douter.

Je trouvai, cette fois, Juliette effrayante de maigreur et de faiblesse. Elle ne quittait plus sa chambre ; mais, ne pouvant supporter le lit, elle était à demi étendue sur une chaise longue. Narcisse était auprès d'elle, rempli d'enjouement et de sérénité. Il s'était promis de ne pas lui montrer ses craintes. Il se dominait lui-même d'une manière inouïe. Pourtant son caractère n'avait ni les habitudes ni les instincts du stoïcisme, mais son amour avait les principes et la religion du courage à toute épreuve.

Juliette voulait être seule avec moi.

— Mon ami, me dit-elle, le curé sort d'ici. Je me suis confessée en cachette de nos amis, et il m'a promis de venir demain pour m'administrer. Je voudrais donc que, demain, vous eussiez un prétexte pour emmener Narcisse dans la campagne. Au bout de deux heures, vous pourrez le ramener, et, comme il verra que je ne suis pas plus mal qu'aujourd'hui, il ne s'affectera pas trop de ce qui, aujourd'hui, lui ferait l'effet d'un éternel adieu.

Je promis de faire ce qu'elle voulait; mais j'essayai de dire, comme elle, que cette mesure de précaution spirituelle ne devait pas et ne pouvait pas sérieusement alarmer ses amis.

— Oh ! vous, répondit-elle en me tendant sa main diaphane, vous êtes un homme raisonnable ! Il faut que vous soyez préparé à tout, pour soutenir mon pauvre Narcisse dans cette épreuve. Je crois que je ne me relèverai pas de ce mal. Je me sens mourir un peu tous les jours. Je ne souffre pas beaucoup, si ce n'est d'étouffer la nuit. Mais les journées sont assez douces, et je n'ai pas de tristesse noire. Je suis résignée à mon sort, quel qu'il soit. Il y a si longtemps que je me suis donnée à Dieu,

corps et âme, que je n'ai plus de mérite à m'en rapporter à lui pour ce qui convient le mieux à ma destinée en ce monde ou en l'autre. Vivre ou mourir, c'est comme il voudra.

» J'ai pourtant quelque chose à me reprocher que je veux vous dire, bien que je ne m'en sois pas confessée ouvertement au prêtre. Cela vous étonne? C'est qu'il n'y avait rien là de ce qui constitue un péché. Je me suis accusée seulement d'avoir manqué de clairvoyance envers moi-même et envers les autres, et d'avoir attaché trop de prix à une sympathie que je ne valait rien, tandis que je laissais souffrir, par ce fait, une amitié qui eût dû être tout pour moi. Il n'y a pas eu d'autre erreur dans la conduite de ma vie intérieure. Pour tout le reste, mes devoirs étaient si nettement tracés, que je n'ai pas eu de peine à les remplir. Mais, en ce qui concerne Narcisse, j'ai trop tardé à l'aimer, cela est certain. Dirai-je que ce n'est pas ma faute? Je ne l'ose pas. J'ai cru devoir m'en confesser dans les termes que je vous ai rapportés, parce que, quand une personne résolue à bien penser et à bien agir laisse prendre à son esprit une autre voie que celle de la justice et de la raison, il ne peut y avoir de la faute de la destinée.

» Pour moi, la destinée, c'est l'influence du ciel; c'est l'action de Dieu en nous. Or, je crois que la grâce ne nous fait jamais défaut, et que, quand, dans les choses délicates du cœur, une femme manque de lumière et de prudence, c'est parce que, à un moment donné, elle a cédé à quelque suggestion de l'orgueil ou de la vanité. Je me suis toujours persuadée qu'en m'occupant de la conduite d'Albany, je travaillais pour le bien, pour le vrai, pour ce que nous appelons le règne de Dieu dans les âmes; mais il est possible qu'au fond de ma sollicitude, il y eût autre chose. Quoi? Il m'est impossible de le définir. Je me suis interrogée en vain là-dessus, dans ces derniers temps, et, comme je ne m'intéressais plus à lui, je ne pouvais plus me donner aucune bonne raison de m'y être intéressée. Tout ce que j'ai pu trouver à me reprocher, c'est d'avoir cru imposer l'influence de ma vertu et de ma simplicité à une conscience relâchée par la corruption du monde. Oui, je me dois être cela, car je me rappelle le plaisir que j'éprouvais à lire ses lettres, lorsqu'il m'écrivait qu'il me devait sa réhabilitation, et, de même, le chagrin que j'avais quand il se remettait à tout nier et à me contredire. C'était une lutte entre nous! Et moi, sainte Tranquille, comme on m'appelait, je prenais à cette lutte morale un plaisir nouveau et inconnu.

» Je ne puis que vous répéter ici ce que je vous ai déjà dit de mon ignorance en matière d'amour. Vous m'avez beaucoup affligée et humiliée en me disant plusieurs fois que j'aimais d'amour Albany. Je ne veux pas le croire; je veux mourir avec la conviction que je n'ai jamais connu que l'amitié, et que Narcisse a obtenu de la mienne un sacrifice que nul autre n'eût jamais pu obtenir, celui de ma liberté morale et de ce vœu de chasteté mystique longtemps caressé en mon rêve sublime. Oui, je l'avoue, j'ai toujours regretté le serment que ma mère m'avait arraché de ne pas me consacrer à Dieu seul avant l'âge de trente ans. Si j'eusse pu prendre le voile à l'époque de ma majorité, je ne mourrais peut-être pas aujourd'hui! Mais les années de liberté que j'ai subies m'ont forcément créé des liens d'affection que j'ai senti ne pouvoir plus briser et ne devoir plus briser. Et voilà qu'au moment de me consacrer au bonheur d'un être en particulier, je m'en vais en langueur et en faiblesse, comme si Dieu m'eût dit : « Tu n'iras pas jusque-là! » Que sa volonté soit faite! Je veux ce qu'il voudra, et il faudra bien que no're pauvre ami s'y soumette. J'ignore ce que le ciel exige de moi; c'est son secret! Ma guérison ou ma mort me le révéleront. Je sais, par expérience, qu'on l'interroge en vain dans les plus ardentes prières. Il ne m'a jamais envoyé d'extases ni de visions. Je sentais seulement dans mon âme une voix qui me répondait : « Qu'importe ton sort, à toi? As-tu le droit d'y tant ré-» fléchir? Pense aux autres, cours auprès de ceux qui te » réclament, et, de ton état en ce monde, ne te préoc-» cupe pas tant! La vie est courte, et le temps que tu » perds à vouloir que le ciel communique avec toi direc-» tement serait mieux employé à bercer un petit enfant » qui souffre, ou à relever le courage d'une pauvre mère » qui pleure. »

Juliette parlait ainsi avec une douceur déchirante. Ce qu'elle disait, en des termes encore plus simples et plus humbles que je ne puis les rendre, c'était bien le résumé d'une vie qui ne ressemblait à nulle autre, et dans laquelle il fallait faire un effort de *supériorité*, si je puis dire ainsi, pour voir aussi clair qu'elle-même. J'avais toujours été tenté d'en voir davantage, et maintenant j'étais certain qu'elle me disait tout. Qu'elle eût aimé Albany un peu plus qu'elle ne se le persuadait, cela restait acquis à ma conviction, et même je ne pouvais m'empêcher de croire qu'elle avait été violemment frappée au cœur par l'inconvenance de sa conduite; mais qu'elle eût toujours ignoré la nature de son penchant pour lui, et qu'elle dût emporter cette chaste ignorance avec son secret dans la tombe, voilà ce qui m'était désormais bien prouvé. Je voyais bien aussi qu'elle était née avec l'instinct du célibat, instinct providentiel peut-être, et que je n'avais pas assez deviné, puisque la seule pensée de l'amour terrestre brisait sa vie, au moment où elle cherchait à le ressentir.

J'étais donc doublement affecté de l'idée de perdre cette adorable amie et de la crainte de l'avoir poussée dans une voie où il ne lui était pas possible de s'engager.

Je me hâtai de lui exprimer cette dernière appréhension, lui disant que, si la résolution qu'elle avait prise était une des causes morales de sa maladie, je pouvais répondre assez de Narcisse pour jurer qu'il resterait son frère et son ami sans plainte, sans reproche, et peut-être sans effort. Le dévouement fait des miracles dans de telles âmes, et je voulais aller chercher sur l'heure notre ami, pour qu'il le jurât lui-même.

— Non, non, ne faites pas cela, me répondit Juliette. Il a encore l'espérance que je vivrai; laissons-la-lui encore un jour, c'est autant de gagné.

Elle était fatiguée de parler; elle s'assoupit. Le lendemain, Narcisse, qui pressentait et devinait tout, fit semblant, pour lui complaire, de ne pas voir les apprêts des derniers sacrements, et il s'en alla de lui-même à la Folie-Pardoux, dès le premier mot que je lui dis à ce sujet.

— Soyez tranquille, me répondit-il; j'obéirai à tout, et, jusqu'au dernier moment, j'aurai l'air de ne rien craindre.

Le soir, Juliette fut d'un calme angélique. Elle obéit au docteur, qui lui défendait de parler; mais, sentant sa fin approcher, elle voulut nous avoir autour d'elle. Elle fit apporter les échecs et les cartes, en nous priant de nous occuper au fond de la chambre, sans nous tourmenter de sa présence. Elle désirait seulement nous voir là; et,

quand nous fûmes assis, elle fit déplacer une lumière qui ne lui permettait pas de voir principalement Narcisse avec Sylvie sur ses genoux.

Au bout d'une heure, elle s'agita un peu et nous dit que c'était le moment de coucher Sylvie. L'enfant vint lui dire bonsoir. Elle la fit asseoir sur le bord de son lit, et la tint longtemps embrassée. Puis elle la rendit à Narcisse, et il vit que des larmes baignaient son visage.

Le docteur nous invita à sortir de la chambre pour qu'on pût y ramener la fraîcheur et l'obscurité. Mais il revint bientôt nous chercher.

— Mes enfants, nous dit-elle, j'ai une crainte folle de mourir avant d'être mariée, et, bien que ce soit un enfantillage, je prie Narcisse de s'y prêter. Nos bans sont publiés, le maire est prévenu, le curé est là. Je veux que, quoi qu'il arrive, Narcisse reçoive de moi la plus grande marque d'estime, de confiance et d'affection que je puisse lui donner.

Le mariage civil fut conclu et le mariage religieux célébré dans cette chambre mortuaire. On avait ouvert les portes toutes grandes. Les gens de la maison et de la ferme étaient présents. Juliette, enveloppée d'un peignoir de mousseline blanche, s'était fait asseoir sur la chaise longue. Elle avait demandé et ouvert un coffret mystérieux, où elle prit le voile et la couronne de mariage de sa mère. Elle pria Hortense de l'en coiffer, et, blanche comme ses vêtements, pâle comme une morte, elle engagea civilement et religieusement sa foi à Narcisse Pardoux, avec une résolution ferme et un calme divin.

Quand ce fut fini, elle eut un accès de fièvre et dormit avec agitation jusqu'à minuit. En ce moment, elle s'éveilla et dit :

— D'où vient que la pendule ne sonne pas? L'avez-vous donc arrêtée?

— Voulez-vous qu'elle marche? lui dit Narcisse.

— Oui, je veux compter les instants. Maintenant, j'ai quelque chose encore à vous dire. Sommes-nous seuls?

Tout le monde sortit, excepté Narcisse et moi, que Juliette retint par un signe.

— Mes amis, nous dit-elle, le moment est venu. L'étouffement augmente, et cela va si vite, que je dois m'attendre, d'un moment à l'autre, à vous quitter. Je n'ai plus la force de le cacher, il faut que je m'avoue vaincue. Mon cher enfant, dit-elle à Narcisse, tu me regretteras bien, je le sais; mais je ne m'en vais d'ici que pour revivre ailleurs, et je t'attendrai. Songe que les âmes unies par un mariage d'amour et de foi ne se séparent jamais plus, et que tes douleurs en ce monde, je les ressentirai dans l'autre. Épargne-moi donc l'horreur de te voir découragé ou en révolte contre l'arrêt du ciel qui nous sépare pour un peu de temps.

Elle eut alors un peu d'agitation. Elle voulait encore parler, mais le trouble était dans ses idées.

— Qui sait, dit-elle tout à coup, si je suis digne d'aller au ciel? J'ai peut-être péché par ignorance; je me suis peut-être menti à moi-même... Me suis-je bien confessée? Il vaudrait mieux dire plus que moins, quand on veut laver son âme... Pourtant, c'est presque épouser le mal, que de s'accuser à la légère!... Non, je ne mentais pas... Je refusais de me marier, parce que je me sentais malade très-souvent! J'étouffais comme aujourd'hui... Et puis, je me suis dit, enfin : « C'est raison de plus. Si je ne peux pas vivre, il faut que je meure en aimant. » Et c'est pour aimer sans crainte, ne fût-ce qu'une heure, un moment, que je me suis mariée. Hélas! il est bien court, ce moment. Oh! comme la pendule bat vite! aussi vite que mon cœur!... Narcisse, mets-y ta main... et compte...

Ce furent là ses derniers mots. Narcisse sentit le tumulte de ce pauvre cœur prêt à se rompre ; et puis il ne sentit plus rien, et ses yeux hagards restèrent fixés sur ceux de Juliette. Peut-être le voyait-elle encore. Elle lui avait souri. Le sourire s'effaça insensiblement ; la face prit une expression d'austère béatitude. Cette étrange beauté, que je lui avais vue par moments, et qui, depuis quinze jours, avait fait place aux apparences d'une vieillesse prématurée, reparut comme une auréole lumineuse sur les ombres de la mort.

Hortense, baignée de larmes, avança une main tremblante pour abaisser ses paupières. Narcisse, aussi maître de lui-même que s'il était encore sous les yeux vivants de Juliette, repoussa doucement la main de sa sœur, ne voulant laisser à personne le soin de fermer pieusement ces yeux si beaux qui ne devaient plus lui parler en ce monde.

Alors seulement il pleura, mais en silence, et sans donner aucun signe de désespoir. Il suivit ainsi Juliette jus-qu'à ce que la terre se fût refermée sur elle. Le docteur s'inquiétait un peu d'une douleur si discrète et si renfermée. Il essaya de l'émouvoir pour amener une crise qu'il jugeait utile ; mais ce fut en vain. Les dernières paroles de Juliette étaient gravées dans la mémoire de son époux. Elle lui avait dit que son âme, à elle, ressentirait, jusque dans l'autre vie, les convulsions et les déchirements de la sienne. Et lui, qui longtemps s'était vanté de ne croire à rien, croyait à cette parole et y conformait religieusement sa vie.

Il en consacra la meilleure part à l'éducation morale et au bonheur de Sylvie, donnant toutes ses forces physiques et intellectuelles au travail. Nos affaires ont prospéré. Il est devenu riche, et jouit d'une grande considération. Mais il ne s'est jamais soucié de la fortune et du crédit que pour faire le bien ; et, maintenant qu'il a près de quarante ans, quand sa famille revient encore parfois à l'idée de le marier, il ne répond que par un air de profonde surprise, qui semble dire : « Avez-vous donc oublié que je suis le mari de Juliette, et qu'elle m'attend dans un monde meilleur ? »

FIN.

COLLECTION MICHEL LÉVY ET DE LA LIBRAIRIE NOUVELLE, A 1 FRANC LE VOLUME.